Robert Bachert, Andrea Schmidt

Finanzierung von Sozialunternehmen

Theorie, Praxis, Anwendung

W0180261

LAMBERTUS

Robert Bachert, Andrea Schmidt

Finanzierung von Sozialunternehmen

Theorie, Praxis, Anwendung

Bibliographische Information der Deutschen Nationalbibliothek
Die Deutsche Nationalbibliothek verzeichnet diese Publikation in der Deutschen Nationalbibliographie; detaillierte bibliographische Daten sind im Internet über http://dnb.d-nb.de abrufbar.

Umschlaggestaltung: Nathalie Kupfermann, Bollschweil
Druck und Buchbinderei: Franz X. Stückle, Druck und Verlag Ettenheim

ISBN 978-3-7841-1981-6

INHALT

VORWORT

Die Finanzierung von Sozialunternehmen stellt hohe Anforderungen an komplexe Managementleistungen. Die Finanzierungsströme und deren grundlegende Sichtung und Bearbeitung bedürfen analytischer Instrumente, ohne die ein verantwortungsvoller Umgang mit Finanzen nicht möglich ist. Die frei gemeinnützige Sozialwirtschaft ist eine der wichtigsten Wirtschaftszweige in Deutschland. Schätzungen über die Bruttowertschöpfung in diesem Wirtschaftszweig kommen auf einen Betrag, der über 150 Mrd. € liegt. Allein in Baden-Württemberg sind im Bereich der Mitgliedseinrichtungen der Liga der freien Wohlfahrtspflege 180.000 Menschen hauptamtlich beschäftigt und erwirtschaften damit ein Volumen von rund 8,5 Mrd. € Umsatz im Jahr.

Damit wird deutlich: Im Umgang mit Finanzierungsfragen hat es Leitungsverantwortung insofern mit elementarer Verantwortung für das Gemeinwesen zu tun. Leitungsverantwortung in der frei gemeinnützigen Sozialwirtschaft ist ohne Kenntnis grundlegender Finanzierungsfragen nicht möglich.

Mit der Komplexität der Finanzierungsströme steigt die Anforderung, sich auf diese Fragen einzulassen. Je nach Hilfebereich braucht es Kenntnisse der Grundlinien von unterschiedlichen Finanzierungsträgern. Oftmals hat eine einzige Organisation über 50 unterschiedliche Geldgeber, die deren Leistungen finanzieren. Diese Vielfalt erfordert die Sach- und Fachkenntnis über die Thematik der Finanzierung. Mehr noch: Diese Vielfalt erfordert auch ein strukturiertes Controlling und den Einsatz unterschiedlicher Finanzierungsinstrumente. Dabei kommt es darauf an, dass die Grundlagen und Instrumente der Finanzierung aus Industrie und Wirtschaft in Sozialunternehmen akzeptiert werden. Gerade im Blick auf diese Grundlagen sind vor dem Hintergrund des umfangreichen Leistungsspektrums und der daraus resultierenden heterogenen Finanzierungsträger fundierte und differenzierte Anpassungen an die Erfordernisse der Sozialwirtschaft notwendig.

Das vorliegende Praxisbuch will die Grundlagen der sozialen Finanzierungsformen und Finanzgeber anhand von Beispielen verdeutlichen. Daneben werden Konzepte, z. B. im Sponsoring beschrieben, die den Organisationen die Umsetzung in die Praxis ermöglichen.

Finanzierungspolitische Naivität mag da und dort Manchen noch charmant erscheinen. Für die nachhaltige Entwicklung der frei gemeinnützigen Sozialwirtschaft ist aber ein solcher Umgang mit Finanzierungssystemen höchst riskant. Finanzierungspolitische Naivität gefährdet den Stand von Unternehmungen.

Deshalb kommt dieses Buch zur rechten Zeit und wird in der frei gemeinnützigen Sozialwirtschaft dringend gebraucht. Gerade die anwendungsorientierten Praxisbeispiele und der konsequente Verzicht auf zu viel theoretischen Überbau macht aus diesem Buch eine Handreichung, die für die Wahrnehmung finanzpolitischer Verantwortung unverzichtbar ist.

Ich wünsche dem Buch viele Leserinnen und Leser, damit Unternehmungen der frei gemeinnützigen Sozialwirtschaft sich nachhaltig und stabil in die Zukunft weiterentwickeln können.

Johannes Stockmeier
Oberkirchenrat – Vorstandsvorsitzender

EINFÜHRUNG

Hintergrund zum Buch

In Zeiten dynamischer Unternehmensumwelten und sich ändernder Leistungsstrukturen sehen sich soziale Unternehmen einer großen Herausforderung gegenüber. Die Sicherstellung der Finanzierung und einer ausreichenden Liquiditätsversorgung ist eine äußerst komplexe Aufgabenstellung (geworden).

Ausgehend von der Knappheit des Geldes, als kennzeichnendes Merkmal wirtschaftlichen Denkens, ist die zentrale Überlegung bei der Finanzierung, dass der Zufluss an finanziellen Mitteln, den Abfluss an finanziellen Mitteln langfristig ausgleicht. Kurz gesagt: „man kann nur das ausgeben, was man einnimmt!" Ein Unternehmen dem dies nicht gelingt, wird langfristig in die Insolvenz gehen.

Nach der Studie „Pflegemarkt Rating Report 2007" des Rheinland-Westfälischen Instituts für Wirtschaftsforschung sind bis zum Jahr 2020 etwa 13% der Einrichtungen der stationären Altenhilfe von der Insolvenz bedroht (Augurzky/Krolop/Schmidt (2008), S. 24).

Im Bereich der Jugendhilfe, der stationäre und ambulanten Altenpflege, der Arbeits- und Beschäftigungsträger, der Wohnungslosen- und Behindertenhilfe kommen grundsätzlich verschiedene Finanzierungsträger vor. Nicht selten hat eine einzelne Organisation zum Beispiel im Bereich der Verbünde vor Ort in der Caritas und Diakonie bis zu 50 unterschiedliche Geldgeber, die über Leistungsentgelte oder Projektzuschüsse die Organisationen finanzieren. Diese Heterogenität bei der Finanzierung erfordert ein strukturiertes Controlling und die Kenntnis der theoretischen und praktischen Grundlagen, sowie die Anwendung von unterschiedlichen Finanzierungsinstrumenten bei den verantwortlichen Leitungskräften.

Ferner müssen eine hohe Verbindlichkeit und Strukturiertheit als persönliche Eigenschaften vorausgesetzt werden, um die monatlichen Liquiditätsbedarfe zu steuern und bereitzustellen. Wird hier oberflächlich oder nicht termingetreu agiert, wird die langfristige Existenz gefährdet. Kurzfristig und akut kann es dazu kommen, dass die Mitarbeitenden am Zahltag kein

Gehalt erhalten. Die Betreuung und Pflege der anvertrauten Menschen ist dann ebenso gefährdet wie die Sicherung der Arbeitsstellen der Mitarbeitenden.

Der didaktische Aufbau und der Inhalt des Buches

Das Buch folgt einer stringenten und didaktischen Aufbaustruktur. So werden jeweils für die wichtigen Themengebiete eine Einführung, Praxisbeispiele und ein so genanntes interaktives Gespräch dargestellt.

Im ersten Kapitel werden zunächst die Grundlagen der sozialen Finanzierungssysteme und deren Besonderheiten vermittelt. Dazu werden die Definition und ein mögliches Verständnis der Finanzierung, sowie die Aufgaben des Finanzmanagements - Finanzplanung, Liquiditätsplanung, Investitionsrechnung und Investitionsplanung - aufgezeigt. Darauf aufbauend wird auf die Finanzierung von Sozialunternehmen in der Praxis eingegangen und unter dem Gesichtspunkt des so genannten sozialrechtlichen Dreiecksverhältnisses die Außen- und Innenfinanzierung beschrieben. Anhand eines Beispiels wird die Finanzplanung detailliert vorgestellt und in einem interaktiven Gespräch zwischen einer Mitarbeiterin aus dem Sozialbereich und einer Finanzfachfrau die Kosten- und Gewinnvergleichsrechnung erläutert.

Im zweiten Kapitel wird die Finanzierung von Sozialunternehmen aus institutioneller Sicht gegliedert. Dem jeweiligen Finanzgeber (Wer?) werden die unterschiedlichen Finanzierungsformen (Was?) und die Bedingungen (Wofür? Wie lange? Warum?) zugeordnet und beschrieben. Der erste Abschnitt widmet sich dem wohl größten Finanzierungsanteil bei Sozialunternehmen. Dies sind Leistungsentgelte und Zuschüsse. Daneben werden weitere Finanzierungsformen durch öffentliche Finanzgeber, wie das persönliche Budget oder Leistungen der Agentur für Arbeit, sowie europäische Fördermittel beschrieben. Hier wird im Praxisbeispiel auf die Kalkulation von Entgelten eingegangen und im interaktiven Gespräch der Aufbau eines Kosten- und Finanzierungsplans für die Zuschussbeantragung erläutert. Daneben gibt es ergänzende Finanzierungsmöglichkeiten durch private Finanzgeber. Die private Innenfinanzierung geschieht in Form von Spenden, Sponsoringmitteln, Fördermitteln von Stiftungen, Mitteln von Leistungsempfängern und sonstigen private Finanzmittel. Für den Bereich der privaten Außenfinanzierung werden Finanzierungsformen von Banken, Lieferanten und Investoren geschildert. Das Praxisbeispiel stellt ein mögliches Sponsoringkonzept vor. Im interaktiven Gespräch wird die

Funktionsweise des Fundraising als Querschnittthema zu allen privaten Finanzierungsformen aufgezeigt. Abschließend wird die Innenfinanzierung durch eigene Mittel von Sozialunternehmen aufgeführt. Es handelt sich bei Sozialunternehmen hierbei entweder um Mitgliedsbeiträge bei Vereinen oder um Erträge aus dem Stiftungskapital bei Stiftungen.

Zielgruppe

Zielgruppe sind Mitarbeiter in sozialen Unternehmen mit und ohne betriebswirtschaftliche Kenntnisse, die sich mit der Finanzierung der Einrichtung auseinandersetzen. Geschäftsführer und leitende Angestellte mit Budgetverantwortung als auch Studierende sollen mit Hilfe dieses Buches die Möglichkeit bekommen, die Finanzierung durch die öffentliche Hand sowie Finanzierungsformen aus privaten Quellen in den sozialen Unternehmen zu verstehen, kennen zu lernen sowie Instrumente für den betrieblichen Alltag erhalten.

KAPITEL 1

GRUNDLAGEN
DER FINANZIERUNG

1.1 Definition und Verständnis

Grundlagen der Finanzierung	
Kapitelbezeichnung	Zentrale Fragen dieses Kapitels
Definition und Verständnis	Was ist Finanzierung? Welche Aufgabe hat die Finanzwirtschaft? Wie gestaltet sich die Finanzierung in einem Phasenmodell? Wie unterscheidet sich Finanzierung von Investition? Welche Bestandteile hat die Finanzierung im betriebswirtschaftlichen Sinn? Wie unterscheiden sich Eigen- und Fremdfinanzierung? Wie unterscheiden sich Außen- und Innenfinanzierung? Wie unterscheiden sich Neu- und Umfinanzierung? Wie unterscheidet sich befristete und unbefristete Finanzierung? Welche Finanzierungsanlässe gibt es?

Was ist Finanzierung?

Die Ökonomie geht davon aus, dass privatwirtschaftliche Unternehmen in Märkten mit geschlossenen Austauschbeziehungen agieren. Hier werden Leistungen und Gegenleistungen miteinander getauscht. Auf dem Geldmarkt handelt es sich um den Tausch Geld gegen Zinsen, auf dem Arbeitsmarkt um Arbeit gegen Lohn und auf dem Gütermarkt um Güter gegen Entgelt. „In dieser Modellwelt treffen die Anbieter und Nachfrager von Gütern und Dienstleistungen auf dem Markt zusammen. Der Preis wird von Nachfrage und Angebot beeinflusst und verändert sich solange, bis die Nachfrage komplett befriedigt und der Markt (Gütermarkt, Arbeitsmarkt) total geräumt ist. Der Gleichgewichtspreis ist der Preis, der gerade noch die Produktionskosten deckt" (Göbel (2002), S. 28).

In diesem Modell betrachtet die Betriebswirtschaft lediglich die Sicherstellung der Ausstattung mit Kapital als Finanzierungsproblematik. Diese geschieht durch die Eigentümer und Kreditgeber. Die Finanzierung der

Produktion mit allen dazugehörigen Instrumenten und Maßnahmen stellt sich demgegenüber eher als Aufgabe der Produktion oder des Marketings dar.

Für Sozialunternehmen muss auf Grund der rechtlichen Beziehungen zwischen den so genannten Leistungsträgern (zum Beispiel Krankenkassen, Pflegekassen, Sozialhilfeträger) den Leistungsempfängern (zum Beispiel Jugendlicher in einer Jugendhilfeeinrichtung, Betreuter Mensch durch einen ambulanten Dienst) und den Leistungserbringern (zum Beispiel sozialer Dienst, Altenpflegeeinrichtung nach SGB XI) diese betriebswirtschaftliche Fragestellung erweitert werden. Sie agieren nicht in einer Model-, sondern in einer realen und komplexen Welt, deren Austauschbeziehungen das Dreiecksverhältnis zwischen Leistungsempfänger, Leistungsträger und Leistungserbringer („Sozialwirtschaftliches Dreiecksverhältnis") geprägt ist.

Daher müssen für Sozialunternehmen neben der betriebswirtschaftlichen Finanzierungsproblematik im Sinne der Kapitalbeschaffung und -verwendung auch die Fragen der Entgelt- und Vergütungsfinanzierung und -verhandlung betrachtet werden. Und schließlich gibt es darüber hinaus das Problem der Defizitfinanzierung für nicht durch Vergütungen und Entgelte refinanzierte Leistungen zum Beispiel im Hospizbereich (vgl. Schellberg (2004), S. 10ff).

Frage: Welche Aufgabe hat die Finanzwirtschaft?

Die Finanzwirtschaft hat die Aufgabe die Organisation mit dem benötigten Kapital zur Sicherstellung der Zahlungsfähigkeit und zur Schaffung einer angemessenen Kapitalzusammensetzung zu versorgen.

Die drei Hauptfunktionen nach einem umfassenderen Verständnis im Sinne des Bewirtschaftens der Finanzen („Finanzwirtschaft") sind:

- Finanzierung,
- Finanzdisposition und
- Investition.

Damit ergeben sich als Aufgaben der Finanzwirtschaft im Einzelnen:

- die optimale Versorgung der Organisation mit finanziellen Mitteln in der richtigen Größenordnung, zum richtigen Zeitpunkt, in der erforderlichen Form und am richtigen Ort,

- die Verwendung der finanziellen Mittel als Investitionen,

- die Optimierung des Zahlungsverkehrs, der Kapital- und Vermögensstruktur und

- die Sicherstellung der Zahlungsfähigkeit der Unternehmung

(vgl. Nicolini (2006), S. 15).

Frage: Wie gestaltet sich die Finanzierung in einem Phasenmodell?

Wie bereits angesprochen wird die Funktion der Finanzierung in betriebswirtschaftlicher Sicht auf die Frage der Kapitalbeschaffung und damit einhergehend der Kapitalverwendung reduziert. Wöhe beschreibt die finanziellen Vorgänge des Betriebsprozesses als Kreislauf finanzieller Mittel. In diesem Phasenmodell wird zunächst in Phase I die Kapitalbeschaffung als Finanzierung von außen über Einnahmen abgebildet. Im Anschluss daran geschieht in Phase II die Kapitalverwendung über eine Investition mit entsprechenden Ausgaben. Diese kann zum Beispiel über eine Investition in Betriebsgebäude realisiert werden. In Phase III kommt es zu einem Kapitalrückfluss aus Erträgen der verkauften Güter und Dienstleistungen. Diese Erträge finden zum einen Verwendung zur Deckung der Personal- und Sachkosten. Der andere Teil davon fließt in die Refinanzierung der Abschreibungen oder steht als Gewinn und damit der Kapitalbildung zur Verfügung. In Phase IV wird das Kapital endgültig verwendet (vgl. Wöhe (1998), S. 5).

Vor allem im Nonprofit – Bereich können jetzt mit den Gewinnen Verluste aus nicht kostendeckenden Bereichen refinanziert werden.

Das folgende Schaubild stellt die Phasen der Finanzierung dar:

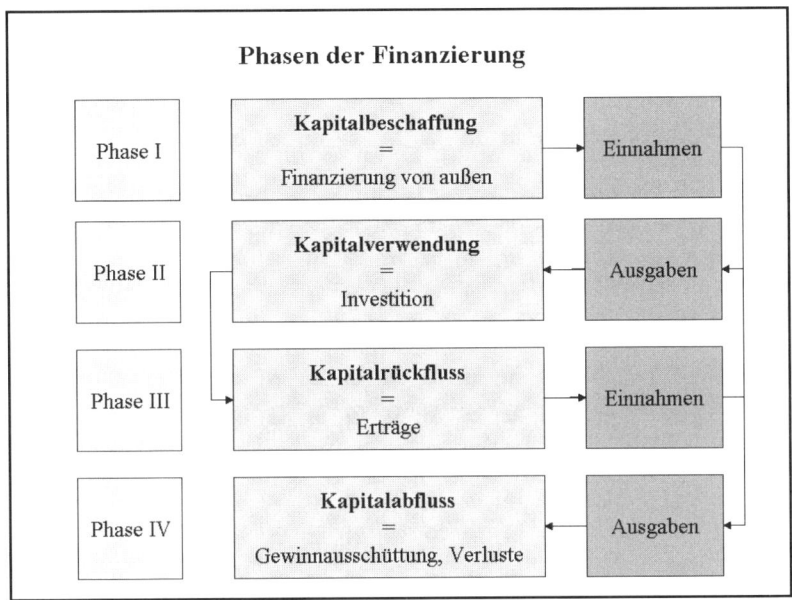

Abb. 1: Phasen der Finanzierung
in Anlehnung an Wöhe (1998), S. 5

Frage: Wie unterscheidet sich Finanzierung von Investition?

In der Praxis hängen alle Fragen der Finanzierung eng mit denen der Investition zusammen. Einfach formuliert stellen Investitionen die Verwendung des Kapitals dar.

Investitionen werden für die Anschaffung von Fahrzeugen, Immobilien, technischen Anlagen, Rechten und Patenten, für die Anlauf- sowie Gründungskosten einer Organisation getätigt (vgl. Schneck (2007), S. 11f). Ausgehend von einer vermögensorientierten Sichtweise werden die Investitionen auf der Aktivseite der Bilanz in Sach- und Finanzinvestitionen unterschieden (vgl. Schneck (2007), S. 470).

Wie im Phasenmodell dargestellt gilt, dass Kapital für Investitionen zu einem bestimmten Zeitpunkt benötigt wird und die Rückflüsse daraus jedoch erst zu einem späteren Zeitpunkt stattfinden.

Frage: Was bedeutet Finanzierung im betriebswirtschaftlichen Sinn?

Sozialunternehmen benötigen zur Erstellung und Verwertung ihrer Leistungen Kapital. Die Aufgabe der Finanzierung ist es, dieses Kapital zu beschaffen.

Die Art der Finanzierung kann in einer bilanzorientierten Betrachtungsweise nach Eigen- oder Fremdfinanzierung unterschieden werden. Hierbei kann man auch von der Finanzierung nach unterschiedlichen Kapitalarten sprechen. Je nachdem, ob das Kapital aus der Organisation kommt oder von außen einfließt, unterscheidet man nach der Kapitalherkunft die Innen- und Außenfinanzierung. Die Innenfinanzierung liegt vor, wenn die Kapitalbeschaffung über den Umsatzprozess erfolgt und Gewinne einbehalten werden oder Kapital durch Vermögensverkauf freigesetzt wird. Bei der Außenfinanzierung wird Kapital auf den Geld- und Kapitalmärkten beschafft indem zum Beispiel neue Beteiligte am Unternehmen (Eigenfinanzierung) oder Kredite und Darlehen aufgenommen werden (Fremdfinanzierung). Orientiert man sich an den Zahlungen so stellt sich die Finanzierung als ein Bündel an Ein- und Auszahlungen dar (vgl. Schneck (2007), S. 321).

Im Hinblick auf den Verwendungszweck kann von einer Neu- und Umfinanzierung die Rede sein. Wobei die Umfinanzierung in die Prolongation, die Substitution und die Transformation unterschieden wird. Ein weiteres Kriterium der Systematisierung des Begriffs der Finanzierung sind die Fristigkeit (unbefristet/befristet) und der Anlass (laufend/anlassbezogen) (vgl. Olfert/Reichel (2008), S. 30).

Das folgende Schaubild systematisiert den Begriff der Finanzierung nach den wichtigsten Kriterien, die im Folgenden beschrieben werden:

Kriterien zur Systematisierung der Finanzierung				
Kapital-arten	Kapital-herkunft	Verwendungs-zweck	Fristig-keit	Anlass
Eigen-kapital	Außen-finanzierung	Neu-finanzierung	Unbefristete Finanzierung	Laufende Finanzierung
Fremd-kapital	Innen-finanzierung	Um-finanzierung	Befristete Finanzierung	Besondere Finanzierung

Abb. 2: Kriterien der Systematisierung - in Anlehnung an Olfert/Reichel (2008), S. 31 ff

1.1.1 Unterscheidung nach Kapitalart

Frage: Wie unterscheiden sich Eigen- und Fremdkapital?

Die Finanzmittel eines Unternehmens teilen sich im Hinblick auf die Kapitalart in Eigen- und Fremdkapital, welches auf der Passivseite der Bilanz abgebildet wird.

Zu der Finanzierung mit **Eigenkapital** gehört die Beteiligungsfinanzierung als Zuführung von Eigenkapital von außen in Form von Geldeinlagen, Sacheinlagen oder Rechten in das Unternehmen, sowie die Finanzierung aus zurückbehaltenen Gewinnen (Selbstfinanzierung). Bilanziell kann das Eigenkapital ermittelt werden aus der Differenz zwischen dem Gesamtvermögen (Aktivseite) und den Schulden (Fremdkapital).

Die Finanzierung mit **Fremdkapital** lässt sich untergliedern in die Fremdfinanzierung im engeren Sinne, sowie die Finanzierung aus Rückstellungsgegenwerten. Bei der Fremdfinanzierung handelt es sich um die Zuführung von Fremdkapital ebenfalls von außen in Form von Geldeinlagen, Sacheinlagen oder Rechten in das Unternehmen. Der Finanzierungseffekt aus gebildeten Rückstellungen ergibt sich im Rückstellungsjahr aufgrund von Steuerreduzierungen. Im gemeinnützigen Bereich spielen diese eine untergeordnete Rolle. Der positive Effekt der Rückstellungsbildung besteht hier in der periodengerechten Zuordnung der Aufwendungen und der daraus folgenden Abbildung in der Gewinn- und Verlustrechnung.

1.1.2 Unterscheidung nach Kapitalherkunft

Frage: Wie unterscheiden sich Außen- und Innenfinanzierung?

Nach der Kapitalherkunft wird die Außenfinanzierung und Innenfinanzierung unterschieden.

Bei der **Außenfinanzierung** kann die Beteiligungsfinanzierung (Eigenfinanzierung) und die Fremdfinanzierung unterschieden werden. Die Beteiligungsfinanzierung besteht in der Zuführung von Eigenkapital in das Unternehmen, die Fremdfinanzierung besteht in der Zuführung von Fremdkapital in das Unternehmen. Bei der Außenfinanzierung wird Kapital von außen auf den Geld- und Kapitalmärkten beschafft. Werden dazu Kredite und Darlehen aufgenommen spricht man von Fremdfinanzierung (vgl. Schneck (2007), S. 321).

Bei der **Innenfinanzierung** handelt es sich um die Finanzierung des Unternehmens aus eigener Kraft. Die Finanzierung von innen kann über die Einbehaltung von Gewinnen aus Umsatzerlösen, aus Abschreibungs- oder Rückstellungsgegenwerten geschehen oder über die Thesaurierung sonstiger Kapitalfreisetzungen erfolgen, wenn Maßnahmen des Vermögensverkaufs erfolgen.

1.1.3 Unterscheidung nach Verwendungszweck

Frage: Wie unterscheiden sich Neu- und Umfinanzierung?

Der Verwendungszweck der Finanzierung wird in die Neufinanzierung und Umfinanzierung unterschieden.

Bei der **Neufinanzierung** wird Kapital für Investitionszwecke bereitgestellt. Diese Finanzierung ist dadurch gekennzeichnet, dass die finanzierte Investition bisher nicht vorhanden war, sondern neu hinzukommt, wie beispielsweise bei der Eröffnung eines neuen Geschäftsfeldes oder beim Neubau einer Immobilie.

Bei der **Umfinanzierung** wird dagegen Kapital für finanzierungseigene Zwecke bereitgestellt. Zu unterscheiden ist die Prolongation, die Substitution und die Transformation. Bei der Prolongation handelt es sich um die Verlängerung der Kreditdauer beziehungsweise Kapitalüberlassungsfrist. Eine Substitution besteht wenn Kapital ausgetauscht wird. Dies kann notwendig sein, wenn Verträge ablaufen, eine Verlängerung nicht gewährt wird oder Gesellschafter aus dem Unternehmen ausscheiden. Die Transformation ist die Umwandlung einer Kapitalart in eine andere Kapitalart (vgl. Olfert/Reichel (2008), S. 31).

1.1.4 Unterscheidung nach Fristigkeit

Frage: Wie unterscheiden sich befristete und unbefristete Finanzierung?

Bei der **unbefristeten Finanzierung** steht das Kapital dem Unternehmen ohne zeitliche Begrenzung zur Verfügung. Dies ist in der Regel bei einer Beteiligungsfinanzierung der Fall.

Bei der **befristeten Finanzierung** in der Regel bei Fremdkapital wird die zeitliche Befristung in folgende Abstufungen unterteilt:

Fristigkeit	Zeitraum	Beispiel
Kurzfristige Finanzierung	Laufzeit bis 1 Jahr	Offene Rechnungen von Lieferanten
Mittelfristige Finanzierung	Laufzeit 1 bis 5 Jahre	Kredite mit einer Laufzeit von 1-5 Jahren
Langfristige Finanzierung	Laufzeit größer 5 Jahre	Darlehn mit einer Laufzeit größer 5 Jahren

Abb. 3: Formen der befristeten Finanzierung

1.1.5 Unterscheidung nach Anlass

Frage: Welche Finanzierungsanlässe gibt es?

Grundsätzlich wird unterschieden in die laufende Finanzierung und die besonderen Finanzierungen.

Bei der **laufenden Finanzierung** handelt es sich um die Kapitalbeschaffung für tägliche oder periodisch vorkommende Bedarfsfälle. Ein Beispiel dafür sind kurzfristige Kredite für Zuschüsse, die erst nach dem Projektende gezahlt werden, um den Zeitraum vom Anfang des Projekts bis zum Ende zu überbrücken.

Besondere Finanzierungen liegen vor, wenn die Finanzierung für einmalige oder gelegentliche Bedarfsfälle benötigt wird. Folgende besondere Bedarfsfälle sind zu unterschieden:

- Gründung: Finanzierung um das Unternehmen ins Leben zu rufen.
- Kapitalerhöhung: Dem Unternehmen wird zusätzliches Eigenkapital zugeführt.
- Kapitalherabsetzung: Das Eigenkapital des Unternehmens wird reduziert.
- Umwandlung: Die Rechtsform des Unternehmens ändert sich.
- Fusion: Zwei oder mehr rechtlich selbstständige Unternehmen werden zu einem Unternehmen verschmolzen.
- Liquidation: Das Unternehmen wird aufgelöst.

1.2 AUFGABEN DES FINANZMANAGEMENTS

Grundlagen der Finanzierung	
Kapitelbezeichnung	**Zentrale Fragen dieses Kapitels**
Aufgaben des Finanzmanagements	Welche Aufgaben hat das Finanzmanagement?
	Was versteht man unter Finanzierung im engeren Sinne?
	Was versteht man unter Finanzplanung?
	Wie sieht ein Beispiel eines Finanzplanes aus?
	Was versteht man unter Liquidität?
	Welche Liquiditätskennziffern gibt es?
	Was versteht man unter dem Cashflow?
	Was versteht man unter Liquiditätsplanung?
	Wie sieht ein Beispiel eines Liquiditätsplanes aus?
	Was versteht man unter Investition?
	Wie grenzt sich der Begriff Investition von Instandhaltung ab?
	Welche Arten von Investitionen gibt es?
	Welche Investitionsrechnungen gibt es?
	Wie sieht ein Investitionsplan aus?

Frage: Welche Aufgaben hat das Finanzmanagement?

„Im Rahmen des Finanzmanagements werden die Verwendung und der Rückfluss der finanziellen Mittel geplant, gesteuert und kontrolliert. Es stellt die finanzielle Führung der Organisation dar und entscheidet über Maßnahmen, die zur Realisierung der finanzwirtschaftlichen Ziele erforderlich sind" (Nicolini (2006), S. 19).

Das Finanzmanagement bearbeitet unterschiedliche Aufgaben der Finanzierung. Auf der Grundlage der Aufgaben der Finanzwirtschaft in diesem Buch und der Fokussierung auf drei Kernaufgaben, ergibt sich Folgendes:

- Finanzplanung
- Liquiditätsplanung
- Investitionsrechnung und -planung

Alle Aufgaben müssen unter dem Gesichtspunkt der **Wirtschaftlichkeit** betrachtet werden. Die Wirtschaftlichkeit stellt den wertmäßigen Ausdruck des Ökonomischen Prinzips dar, welches eine optimale Entscheidung über knappe Güter herbeiführen will. Im Gegensatz zur Produktivität werden hier Relationen aus wertmäßigen Einsatz- und Ausbringungsmengen betrachtet (vgl. Schneck (2007), S. 682 u. 1006). „Die Wirtschaftlichkeit stellt die Frage nach der Rentabilität eine Investition" (Schellberg (2004), S. 23). Daneben sind Ziele der Finanzierung: Sicherheit, Unabhängigkeit und Liquidität.

1.2.1 Finanzplanung

Frage: Was versteht man unter Finanzierung im engeren Sinne?

„Unter Finanzierung (im engeren Sinne) versteht man die Fähigkeit, ausreichend Mittel bereitzustellen zu können. Im Gegensatz zur eher kurzfristig orientierten Liquidität stellt die Finanzierung die Frage nach der Nachhaltigkeit und eher langfristigen Fähigkeit der Geldschöpfung" (Schellberg (2004), S. 23).

Frage: Was versteht man unter Finanzplanung?

Die Sicherstellung der aktuellen und zukünftigen Finanzierung durch die Erfassung aller Ein- und Auszahlungen ist die Aufgabe der Finanzplanung. Der Finanzplan enthält eine systematische Zusammenstellung aller geldmäßigen Zu- und Abflüsse für einen bestimmten Zeitraum (vgl. Hirth (2008), S. 165).

„Die Finanzplanung muss daher den Bedarf an finanziellen Mitteln auf der einen Seite und die Entwicklung des Zuflusses an finanziellen Mitteln auf der anderen Seite prognostizieren und die entsprechenden Maßnahmen ergreifen, damit stets eine ausreichende Finanzierung sichergestellt ist (Schellberg (2004), S. 23).

Frage: Wie sieht ein Beispiel eines Finanzplanes aus?

Für die Erstellung des Finanzplanes werden, ausgehend von der Bilanz und der Gewinn- und Verlustrechnung, die Erträge und Aufwendungen in einer Finanzplanungs-Gewinn- und Verlustrechnung hochgerechnet. In der Regel werden fünf Jahre unter bestimmten Annahmen berücksichtigt. Bei dieser Vorgehensweise ist zu beachten, dass zum Beispiel Abschreibungen einen Aufwand darstellen jedoch in der jeweiligen Periode beispielsweise im Jahr 2011 keine realen (Aus-)Zahlungen nach sich ziehen. Um die Auszahlungen, also die Zahlungsmittelabflüsse, zu erfassen, dient der Liquiditätsplan.

1. Bilanz eines Träger in der Jugendhilfe

Bilanz zum 31.12. 2009 (Angaben in Tausend Euro)			
Aktiva			**Passiva**
A. Anlagevermögen	960 T€	A. Eigenkapital	
		1. Grundkapital	300 T€
B. Umlaufvermögen	340 T€	2. Rücklagen	280 T€
		B. Sonderposten	700 T€
		3. Verbindlichkeiten	20 T€
Summe	1.300 T€	Summe	1.300 T€

Abb. 4: Die Bilanz des Trägers

in Anlehnung an Schellberg (2004), S. 26, komprimiert

2. Gewinn und Verlustrechnung eines Trägers in der Jugendhilfe

Gewinn und Verlustrechnung 31.12.2009 (Angaben in Tausend Euro)	
1. Erträge aus Teilnehmerbeiträgen	250 T€
2. öffentliche Zuschüsse	320 T€
3. Erträge aus der Auflösung von Sonderposten	30 T€
Summe Erträge	600 T€
4. Löhne und Gehälter	435 T€
5. Lebensmittel	50 T€
6. Aufwendungen für Kurse	25 T€
7. Energie, Wasser und Brennstoffe	20 T€
8. Verwaltungs- und Wirtschaftsbedarf	28 T€
9. Instandhaltung	34 T€
10. Steuern, Abgaben und Versicherung	8 T€

11. Abschreibungen	42 T€
Summe Aufwendungen	642 T€
Betriebsergebnis	-42 T€
12. kirchliche Zuschüsse	100 T€
Jahresüberschuss	58 T€

Abb. 5: Gewinn- und Verlustrechnung
in Anlehnung an Schellberg (2004), S. 26, geringfügig verändert und komprimiert

3. Finanzplan für die Jahre 2009 – 2013

Auf Basis der Bilanz und Gewinn- und Verlustrechnung wird mit folgenden Annahmen und Bedingungen sowie Prognosen ein Finanzplan für die Jahre 2009 bis 2013 erstellt:

- Die Erträge aus Teilnehmerbeiträgen erhöhen sich jährlich um 10.000.—Euro

- Die öffentlichen Zuschüsse bleiben zunächst gleich hoch und werden ab dem Jahr 2011 nicht mehr gezahlt.

- Die Erträge aus der Auflösung von Sonderposten werden fortgeschrieben

- Die Personalkosten steigen jährlich rund 10.000.-- Euro.

- Alle anderen Sachkostenpositionen werden in gleicher Höhe fortgeschrieben

- Mit der Landeskirche wird vereinbart, dass sie ihren Zuschuss um den wegfallenden öffentlichen Zuschuss ab dem Jahr 2011 erhöht

(vgl. Schellberg (2004), S. 27).

Finanzplan Jugendhilfeträger (Angaben in Tausend Euro)					
	2009	2010	2011	2012	2013
1. Erträge aus Teilnehmerbeiträgen	250	260	270	280	290
2. öffentliche Zuschüsse	320	320	0	0	0
3. Erträge a. d. Auflösung v. Sonderposten	30	30	30	30	30
Summe Erträge	600	610	300	310	320
4. Löhne und Gehälter	435	445	455	465	475
5. Lebensmittel	50	50	50	50	50
6. Aufwendungen für Kurse	25	25	25	25	25
7. Energie, Wasser und Brennstoffe	20	20	20	20	20

8. Verwaltungs- und Wirtschaftsbedarf	28	28	28	28	28
9. Instandhaltung	34	34	34	34	34
10. Steuern, Abgaben und Versicherung	8	8	8	8	8
11. Abschreibungen	42	42	42	42	42
Summe Aufwendungen	642	652	662	672	682
Betriebsergebnis	-42	-42	-362	-362	-362
12. kirchliche Zuschüsse	100	100	420	420	420
Jahresüberschuss	58	58	58	58	58

Abb. 6: Finanzplan

in Anlehnung an Schellberg (2004), S. 27

Die steigenden kirchlichen Zuschüsse gleichen die wegfallenden öffentlichen Zuschüsse aus. Daneben können die zunehmenden Erträge aus den Teilnehmerbeiträgen, die ansteigenden Personalkosten ausgleichen. Aus einer rein betriebswirtschaftlichen Sicht müsste dieser Träger versuchen die Zuschüsse über betriebliche Leistungsentgelte langfristig zu ersetzen. Eine große Abhängigkeit von einem einzigen Zuschussgeber ist aus Finanzierungssicht als Risiko einzuordnen.

Im Praxisbeispiel zu diesem Kapitel wird diesem „positiven Szenario" aus der Jugendhilfe ein „Negativ-Szenario" aus der Altenpflege gegenübergestellt.

1.2.2 Liquiditätsplanung

Frage: Was versteht man unter Liquidität?

„Unter Liquidität versteht man die Zahlungsfähigkeit eines Unternehmens: Hat das Unternehmen ausreichend Zahlungsmittel, um seinen Zahlungsverpflichtungen überhaupt nachzukommen" (Schellberg (2004), S. 22).

Die Frage der Zahlungsfähigkeit ist für Sozialunternehmen der zentrale Gesichtspunkt der finanziellen Steuerung. Ausreichende Liquidität bedeutet, dass ein Unternehmen seinen Zahlungsverpflichtungen nachkommen kann. Bilanziell betrachtet werden die Zahlungsmittel auf der Aktivseite der Bilanz ausgewiesen. Die Liquidität gibt das Verhältnis von flüssigen Mitteln zu den (kurzfristigen) Verbindlichkeiten an. Im Allgemeinen sollte die Liquidität bei mindestens 100% liegen. Die Liquiditätsanalyse aus einem Jahresabschluss ist immer vergangenheitsbezogen, das heißt, man betrachtet die stichtagsbezogene und nicht die aktuelle Liquiditätslage. Diese lässt sich nur aus dem Abgleich der aktuellen Zahlungsfähigkeit (Girokonten, Forderung, Verbindlichkeiten) mit dem Liquiditäts- oder Finanzplan ersehen. Die Liquiditätsanalyse geht von einer Fortführungsprognose des Unternehmens aus („going concern"). Es geht darum, Aussagen über das Risiko der Zahlungsverpflichtung und des Vorhandenseins liquider oder liquidierbarer Mittel zu finden. Dabei werden Bestände der Aktiv- und Passivseite der Bilanz betrachtet. In der dynamischen Liquiditätsanalyse errechnet ein Krisenmanager zum Beispiel in einer finanziellen Schieflage in einer Flussrechnung den Cashflow (vgl. Diakonisches Werk Württemberg (2003), S. 3).

1.2.2.1 Liquiditätskennziffern

Frage: welche Liquiditätskennziffern gibt es?

Im Folgenden werden drei wichtige Liquiditätskennziffern vorgestellt (vgl. dazu Bachert/Peters/Speckert (2008), S. 73ff).

1. Liquidität I (Barliquidität)

Die Barliquidität ist eine wichtige Kennzahl für die Steuerung der finanziellen Zahlungsströme. Wenn es in einer Organisation möglich ist, mit den flüssigen Mitteln das kurzfristige Fremdkapital zu decken, ergibt sich als Ergebnis bei dieser Kennzahl 100%. Das bedeutet, dass die flüssigen Mittel genauso groß sind wie das kurzfristige Fremdkapital.

Die Barliquidität bildet das Verhältnis der flüssigen Mittel aus Positionen der Aktivseite der Bilanz, gegenüber den kurzfristigen Fremdmitteln auf der Passivseite der Bilanz ab.

Kennzahl:

Liquidität I = (flüssige Mittel x 100%) / kurzfristiges Fremdkapital

---

Flüssige Mittel sind kurzfristig liquidierbare Vermögensgegenstände des Anlagevermögens:

- Kassenbestand,
- Bankguthaben,
- Schecks,
- kurzfristig fällige Sparbriefe.

Kurzfristiges Fremdkapital sind Verbindlichkeiten mit einer Restlaufzeit von bis zu einem Jahr:

- Teile der Rückstellungen für Pensionsverpflichtungen sowie für Altersteilzeit,
- Kontokorrentkredit,
- Verbindlichkeiten aus Lieferungen und Leistungen,
- Verbindlichkeiten gegenüber Träger beziehungsweise Gesellschafter,
- kurzfristig fällige Tilgungsraten für langfristige Kredite. Diese sind nicht der Bilanz, sondern dem Verbindlichkeitsspiegel zu entnehmen

(vgl. Diakonisches Werk Württemberg (2003), S. 4).

2. Liquidität II (einzugsbedingte Liquidität):

Die einzugsbedingte Liquidität ist ebenso wie die Barliquidität eine Kennzahl für die tägliche, wöchentliche und monatliche Steuerung der finanziellen Zahlungsströme. Wenn es einer Organisation möglich ist über das monetäre Umlaufvermögen das kurzfristige Fremdkapital zu decken, ergibt sich bei dieser Kennzahl als Ergebnis 100%. Das bedeutet, dass das Unternehmen mit Hilfe der flüssigen Mittel und Forderungen in der Lage ist, die Zahlungsverpflichtungen des kurzfristigen Fremdkapitals zu decken.

Die einzugsbedingte Liquidität berücksichtigt neben den Positionen der Barliquidität alle Positionen des monetären Umlaufvermögens als Vermögen.

Kennzahl:
Liquidität II = (monetäres Umlaufvermögen x 100%) / kurzfristiges Fremdkapital

Das monetäre Umlaufvermögen setzt sich zusammen aus den flüssigen Mitteln (siehe oben) und folgenden Positionen:

- Forderungen,
- sonstige Vermögensgegenstände,
- Wertpapiere,
- aktive Rechnungsabgrenzungsposten.

Forderungen aus Förderung für Investition sollten bei normalem Baufortschritt in diese Betrachtung miteinbezogen werden; allerdings ist zu beachten, dass vor allem Schlussraten im Vergleich zum Schlussabrechnungstermin sehr spät eingehen (vgl. Diakonisches Werk Württemberg (2003), S. 5).

3. Liquidität III

Das Ergebnis der Berechnung des Liquiditätsgrades III muss auf jeden Fall über 100% liegen, da diese Mittel nicht sofort zur Deckung der kurzfristigen Verbindlichkeiten zur Verfügung stehen. Bei einem Ergebnis von lediglich 100% ist die Frage zu stellen, ob dies nur kurzfristig der Fall ist oder die Regel. Wenn es die Regel sein sollte, ist eine Analyse der wirtschaftlichen Situation angebracht.

Die Liquidität III stellt das gesamte Umlaufvermögen dem kurzfristigen Fremdkapital gegenüber.

Kennzahl:
Liquidität III = (Umlaufvermögen x 100%) / kurzfristiges Fremdkapital

1.2.2.2 Cashflow-Berechnung

Frage: Was versteht man unter dem Cashflow?

Im Zusammenhang der Finanzierung und der Liquiditätskennzahlen ist der so genannte Cashflow von großer Bedeutung. Der Cashflow gibt als Finanzindikator darüber Auskunft, ob ein Unternehmen aus eigener Kraft Investitionen tätigen kann und somit auch in Zukunft wettbewerbsfähig ist, in welcher Höhe Barmittel für Schuldentilgung oder Zinszahlungen vorhanden sind und inwieweit Insolvenzgefahr besteht. Ein dauerhaft anhaltender negativer Cashflow führt zur Zahlungsunfähigkeit und damit zur Insolvenz. Je größer der Wert ist, umso weniger ist das Sozialunternehmen auf Mittel von außen angewiesen und desto größer ist ihre finanzielle Unabhängigkeit.

Die Ermittlung des Cashflows kann sowohl direkt als auch indirekt erfolgen. Bei der direkten Berechnungsmethode werden die einzahlungswirksamen Erträge den auszahlungswirksamen Aufwendungen gegenübergestellt (vgl. Küting/Weber (2004), S. 129).

<u>Kennzahl:</u> (direkte Methode)
Cashflow = Einzahlungen – Auszahlungen

Da die direkte Berechnung in der Praxis sehr aufwendig sein kann, wird die indirekte Methode häufig bevorzugt. Für die Praxis kann das vereinfachte Berechnungsschema herangezogen werden (vgl. Küting/Weber (2004), S. 135).

<u>Kennzahl:</u> (indirekte Methode)
Cashflow =
Jahresüberschuss/Jahresfehlbetrag
+ auszahlungsunwirksame Aufwendungen
- einzahlungsunwirksame Erträge

Auszahlungsunwirksame Aufwendungen sind:

- Abschreibungen,
- Buchwert der Abgänge von Gegenständen des Anlagevermögens,
- Erhöhung von Rückstellungen,
- Einstellungen in die Sonderposten,
- andere nicht zahlungswirksame Aufwendungen.

Einzahlungsunwirksame Erträge sind:

- Zuschreibungen,
- Auflösung von Rückstellungen,
- Auflösung von Sonderposten,
- andere nicht zahlungswirksame Erträge.

Der Cashflow, oder auf deutsch der Kapitalrückfluss, ermöglicht eine Beurteilung der finanziellen Gesundheit eines Sozialunternehmens und zeigt inwiefern im Rahmen des Umsatzprozesses die erforderlichen Mittel für die Substanzerhaltung des in der Bilanz abgebildeten Vermögens und für Erweiterungsinvestitionen selbst erwirtschaften kann (vgl. Bachert/Peters/Speckert (2008), S. 75).

Frage: Was versteht man unter Liquiditätsplanung?

Die Liquiditätsplanung ist kurzfristig angelegt. Sie soll die kurzfristige Zahlungsfähigkeit sicherstellen indem Sie bei Bedarf möglichst täglich durchgeführt wird. Die vorgestellten Kennzahlen liefern dazu Hinweise, welche Positionen beziehungsweise Konten der Bilanz einzubeziehen sind.

„Die Liquiditätsplanung ist in der Regel eine eher kurzfristige Betrachtung der Zahlungseingänge und Zahlungsausgänge. Es wird also nicht auf kalkulatorische Größen (zum Beispiel Abschreibungen) abgestellt. Der Saldo der Zahlungseingänge und Zahlungsausgänge verändert den Bestand an vorhandenen liquiden, „flüssigen" Zahlungsmitteln und Zahlungsverpflichtungen" (Schellberg (2004), S. 30).

Beispiel eines Liquiditätsplanes aus der Praxis

Der folgende Liquiditätsplan stellt ein in der Praxis oftmals verwendetes Instrument dar. Es stellt zunächst die Einzahlungen und anschließend die Auszahlungen dar.

Die Einzahlungen sind hierbei gegliedert nach:

- Entgelterträge,
- Zuschüsse,
- Erstattungen,
- Mieten,
- Sonstiges.

Die Auszahlungen gliedern sich in folgende Positionen:

- Löhne,
- Mieten,
- Energie,
- Instandhaltung,
- Beschaffung,
- Zinsen.

In den ersten beiden Spalten wird das Datum erfasst. Je nach Bedarf und Bereich, in welchem die Organisation tätig ist, kann die folgende Tabelle um weitere Kriterien erweitert werden:

Liquiditätsplan															
Datum		**Einzahlungen**					**Auszahlungen**							**Anfangsbestand**	**Endbestand**
Monat	Jahr	Entgelterträge	Zuschüsse	Erstattungen	Mieten	Sonstiges	Löhne	Mieten	Energie	Instandhaltung	Beschaffung	Zinsen			
1	10													€	€
	20													€	€
	25													€	€
	30													€	€
2	10													€	€
	20													€	€
	25													€	€
	30													€	€
3	10													€	€
	20													€	€
	25													€	€
	30													€	€
...	...													€	€
12	30													€	€
		€	€	€	€	€	€	€	€	€	€	€			
Summe Einzahlungen						€	**Summe Auszahlungen**					€			

Abb. 7: Liquiditätsplan aus der Praxis
Arbeitsvorlage ZSU GmbH

1.2.3 Investitionsrechnung und -planung

Frage: Was versteht man unter Investition?

Als Investition wird eine Maßnahme bezeichnet, die einen Zahlungsstrom durch Mittelverwendung nach sich zieht. Ein besonderes Kennzeichnen der Investition ist, dass sie in der Absicht erfolgt, die Mittel langfristig zu binden (vgl. Hirth (2008), S. 7).

Investitionen müssen so angelegt sein, dass sie den langfristigen Bestand einer Organisation sicherstellen. Zum einen muss dies im Hinblick auf den laufenden Betrieb geschehen und zum anderen gibt es Investitionen, die im Rahmen der Zukunftsentwicklung von strategischer Bedeutung sind. Unter den strategischen Aspekt fallen zum Beispiel bauliche Erweiterungen, fachliche Konzepte in der Pflege oder Essensversorgung zur Optimierung oder Erweiterung des Angebotsspektrums. Ebenfalls fallen hierunter Desinvestitionsentscheidungen.

Ferner hängen „Investitionen" eng mit der fachlichen und konzeptionellen Arbeit der jeweiligen Organisation zusammen. Die Investitionsplanung ist aus diesem Grund partizipativ zwischen den verschiedenen Berufsgruppen und unterschiedlichen hierarchischen Ebenen zu gestalten. Es handelt sich im Gegensatz zu der Liquiditätsplanung, die von einem Controller oder den Mitarbeitern in der Verwaltung durchgeführt werden kann, nicht um eine Aufgabe die allein im Rechnungswesen der jeweiligen Organisation angesiedelt ist. Dies bedingt eine Aufgabenteilung zwischen den Fachverantwortlichen (Sozialpädagogen, Psychologen, Pflegekräften und Anderen) und den Verwaltungsmitarbeitern (Bürokaufleute, Betriebswirte und Andere) in der jeweiligen Organisation. Die beantragenden fachlich zuständigen Stellen in der Organisation sollten formalisierte Investitionsanträgen ausfüllen, in welchen ihre Investitionswünsche oder -anforderungen erfasst werden (Beispiel: siehe Investitionsplanung in diesem Kapitel). Die Beurteilung und Zusammenführung dieser Investitionsvorhaben erfolgt durch die Mitarbeiter im Rechnungswesen oder der Verwaltung. Die Investitionsrechnungsmethoden helfen hier bei der Beurteilung und Einaschatzung der Wirschaftlichkeit des Vorhabens und geschehen auf der Basis der erhobenen beziehungsweise übermittelten Informationen.

Die Kontrolle, ob sich die geplanten Investitionskosten mit den tatsächlichen Ist-Investitionskosten decken, ist ebenso Aufgabe des Rechnungswesen und/oder der Verwaltung und geschieht bei größeren beziehungsweise länger laufenden Investitionsvorhaben durch einen regelmäßigen Soll-Ist-Vergleich.

Frage: Wie grenzt sich der Begriff Investition von Instandhaltung ab?

Die Investitions- und Instandhaltungsabgrenzung ist einer in der Praxis oftmals gestellten Frage geschuldet. So werden beide Begriffe umgangssprachlich gern synonym verwendet. Im betriebswirtschaftlichen Sprachgebrauch ist dies jedoch nicht zutreffend. Wie bereits angeführt werden Investitionen zum Beispiel für die Anschaffung von Fahrzeugen oder Immobilien getätigt. Diese werden in Form des Anlagevermögens in der Bilanz aktiviert und über die Nutzungsdauer hinweg abgeschrieben.

Instandhaltungen dagegen zeichnen sich in der Regel dadurch aus, dass sie der Erhaltung der Produktions- und Leistungsbereitschaft dienen und kurzfristigen Charakter, im Sinne eines so genannten Erhaltungsaufwands, haben. Sie fallen für Reparaturen oder Instandhaltungsarbeiten an. Der Aufwand für Instandhaltungen wird in der Gewinn- und Verlustrechnung auf dem entsprechenden Aufwandskonto erfasst. Sie werden damit aufwands- und in der Regel auch zahlungswirksam.

Frage: Welche Arten von Investitionen gibt es?

Investitionen treten in unterschiedlichen Erscheinungsformen auf. Sie lassen sich anhand von einer Vielzahl von Kriterien klassifizieren. Eine mögliche Klassifizierung stellt die folgende Tabelle geordnet nach Objekt, Anlass, Nutzungsdauer und Finanzierung dar (vgl. Bachert (2003), 2/6.2.31):

Übersicht über die Arten von Investitionen

1. Nach Objekt
   - a) Finanzinvestitionen
   - b) Realinvestitionen
     - ▪ Materielle Investitionen
     - ▪ Immaterielle Investitionen
2. Nach Anlass
   - a) Errichtungsinvestitionen
   - b) Laufende Investitionen
   - c) Erweiterungsinvestitionen
3. Nach Nutzungsdauer
   - a) Kurzfristig
   - b) Mittelfristig
   - c) Langfristig
4. Nach Finanzierung

Abb. 8: Übersicht über Investitionsarten

1. Investitionsart nach dem Kriterium des Objekts

Nach dem Objekt wird zunächst zwischen Finanzinvestitionen und Real-investitionen unterschieden.

Bei **Finanzinvestitionen** erfolgt eine finanzielle Anlage von Kapital beispielsweise in Form von Einlagen, Wertpapieren oder Beteiligungen. Sie haben hauptsächlich zum Ziel, das Kapital bestmöglich verzinst anzulegen.

Realinvestitionen können zusätzlich unterschieden werden in materielle Investitionen und immaterielle Investitionen. Bei immateriellen Investitionen erfolgt die Erstellung von immateriellen Gütern zum Beispiel durch Aus- und Weiterbildung der Mitarbeiter oder Werbungsmaßnahmen. Dabei sind Investitionseinsatz sowie der Nutzen der Investition teilweise nicht direkt quantitativ messbar. Materielle Investitionen sind dagegen konkrete Investitionsobjekte in Betriebsmittel wie zum Beispiel Gebäude, Maschinen oder Grundstücke (vgl. Bachert (2003), 2/6.2.3.1).

2. Investitionsart nach dem Kriterium des Investitionsanlasses

Der Anlass für eine Investition kann in einer Errichtung, im laufenden Betrieb oder in einer Erweiterung bestehen.

„Die **Errichtungsinvestition** liegt beispielsweise bei Neugründung einer Altenhilfeeinrichtung oder einer neuen Betriebsstätte vor. Bei den **laufenden Investitionen** erfolgt die Reparatur, Instandhaltung oder der komplette Ersatz eines Investitionsobjekts. **Ergänzungsinvestitionen** liegen dann vor, wenn die Erweiterung von Kapazitäten oder eine Veränderung, zum Beispiel durch Rationalisierungsinvestitionen erfolgt. Im Gegensatz zu einer Ersatzbeschaffung (Beschaffung des identischen Betriebsmittels) erfolgt hierbei eine Verbesserung bzw. Veränderung" (Bachert (2003), 2/6.2.3.1). Die Unterscheidung zwischen Ersatz- und Erweiterungsbeschaffung ist insbesondere für die bilanzielle Aktivierung von Bedeutung.

3. Investitionsart nach dem Kriterium Nutzungsdauer

Ferner können Investitionen nach der Laufzeit oder Nutzungsdauer unterschieden werden. Dies ist für die Berechung der Abschreibung der Investitionsgüter, also den Wert der Abnutzung durch Gebrauch bezogen auf eine bestimmte Zeitperiode von Bedeutung. Neben der allgemeinen Einteilung in kurz-, mittel- und langfristige Investitionen spielen hier die handels- und steuerrechtlichen Abschreibungsvorschriften eine Rolle. So werden die anzusetzenden Nutzungsdauern von Investitionsgütern steuerrechtlich durch Erlasse der obersten Finanzbehörde festgelegt (vgl. Bachert (2003), 2/6.2.3.1).

4. Investitionsart nach dem Kriterium der Finanzierung

Eine weitere Möglichkeit Investitionskosten aufzuteilen wird auf Grund ihrer Finanzierungsart notwendig. Die Finanzierungsunterscheidung kann aufgrund der Kapitalart oder Kapitalherkunft erfolgen. In allen Bereichen in denen zum Beispiel für Gebäude öffentliche Zuschüsse fliesen, müssen die Investitionskosten in Betriebskosten einerseits und Investitionskosten andererseits eingeteilt werden (vgl. Bachert (2003), 2/6.2.3.1).

Frage: Welche Investitionsrechnungen gibt es?

Wie bereits dargestellt, sind Investitionsentscheidungen von vielen unterschiedlichen Faktoren abhängig. Meist gehen diese über eine reine Wirtschaftlichkeitsbetrachtung hinaus und sind in Bezug auf ihre finanziellen Gesamtauswirkungen nur schwer prognostizierbar. Dennoch bietet eine Wirtschaftlichkeitsberechnung auf der Basis quantifizierbarer Größen eine wichtige Grundlage für deren Beurteilung und, da es sich um eine planungsimmanente Unsicherheitssituation handelt, eine bessere Basis zur Abschätzung der ökonomischen Konsequenzen und Risiken der Investition.

Aus Sicht der Finanzierung müssen bei einer Investition die folgenden vier **Ziele** erfüllt werden:

- Liquidität,
- Rentabilität,
- Unabhängigkeit,
- Sicherheit.

Das heißt, es muss zu jedem Zeitpunkt der Investition die Zahlungsfähigkeit gesichert sein, die Rentabilität in Form einer ausreichenden Verzinsung gegeben sein, und dies alles unter dem Aspekt der Sicherheit, also mit minimalem beziehungsweise geplantem Risiko, erreichbar sein. Die theoretisch möglichen Verfahren der Investitionsrechnung sind vielfältig. Die relative Komplexität der Verfahren und die vermeintliche Unübersichtlichkeit sind nicht zuletzt der Grund für die geringe praktische Verbreitung der Verfahren in der Sozialbranche.

Grundsätzlich lassen sich bei der Investitionsrechung **statische und dynamisch Verfahren** unterscheiden. Bei den statischen Investitionsverfahren werden lediglich die Zahlungen einer bestimmten Zeitperiode, in der Regel ein Jahr, betrachtet. Die dynamischen Verfahren der Investitionsrechung betrachten die gesamte Laufzeit einer Investition und damit mehrere oder alle Perioden. Hierbei werden die gesamten Zahlungen einer Investitionsmaßnahme mit dem Zeitpunkt ihres zu erwartenden Anfalls erfasst und ihr Wert bezogen auf die Gegenwart berechnet (vgl. Bachert (2003), 2/6.2.4.1).

Die folgende Abbildung stellt ausgewählte Verfahren der Investitionsrechnung dar:

Ausgewählte Verfahren der Investitionsrechnung
1. Statische Verfahren
a)   Kostenvergleichsrechnung
b)   Gewinnvergleichsrechung
c)   Rentabilitätsvergleichrechnungen
d)   Amortisationsvergleichsrechnung
2. Dynamische Verfahren
a)   Kapitalwertmethode
b)   Interne Zinsfuß-Methode
c)   Annuitätenmethode

Abb. 9: Verfahren der Investitionsrechnung
in Anlehnung an Olfert/Reichel (2008), S. 81

Im folgenden Text erfolgt eine kurze Beschreibung der Verfahren. Ein Beispiel für die Kosten- und Gewinnvergleichsrechnung wird im Interaktiven Gespräch dieses Abschnitts vorgestellt.

1.2.3.1 Statische Verfahren der Investitionsrechnung

a) Kostenvergleichsrechnung

Bei der Kostenvergleichsrechnung erfolgt der Vergleich von zwei oder mehreren Investitionsalternativen durch eine Gegenüberstellung der jährlichen gesamten Betriebskosten sowie der anzusetzenden jährlichen kalkulatorischen Abschreibung und der kalkulatorischen Verzinsung (vgl. Bachert (2003), 2/6.2.4.11).

Ziel der Anwendung dieser Methode ist es, die Investitionsalternative mit den geringsten Kosten pro Jahr zu ermitteln.

Die **Berechnung** erfolgt durch die Ermittlung der gesamten betrieblichen Kosten eines Jahres, welche sich aus den fixen und variablen Kosten zusammensetzen (vgl. Olfert/Reichel (2008), S. 81).

I. Ermittlung der fixen Kosten

    Kalkulatorische Abschreibung

    + Kalkulatorische Zinsen

    + Gehälter und Gemeinkosten

    + Sonstige fixe Kosten

    = Summe fixe Kosten

II. Ermittlung Variable Kosten

    Löhne und Lohnnebenkosten

    + Materialkosten

    + Sonstige variable Kosten

    = Summe variable Kosten

Für die Entscheidung werden die gesamten Kosten pro Jahr für zwei Alternativen gegenübergestellt.

Investitionsalternative I	Investitionsalternative II
Gesamte Kosten (Euro/Jahr)	Gesamte Kosten (Euro/Jahr)
Ermittlung der Kostendifferenz aus I und II	

In der Praxis können über diese Methode verschiedene Kostenaufstellung verglichen werden. Im Folgenden wird auf die Unterscheidung zwischen fixen und variablen Kosten verzichtet.

Kostenvergleichsmethode			
	Projekt A	Projekt B	Anmerkungen
Personalaufwendungen			
Lohn und Gehalt	50.000,00 €	25.000,00 €	
Honorare		15.000,00 €	2. Personalstelle wird durch Honorarkräfte ersetzt
Sachaufwendungen			
Verwaltungsaufwand	5.000,00 €	5.000,00 €	
Reisekosten		2.500,00 €	
Sonstiger Aufwand	1.000,00 €	1.000,00 €	
Summe Aufwendungen	**56.000,00 €**	**48.500,00 €**	

Abb. 10: Beispiel Kostenvergleichsmethode

Durch diese Darstellungsart zeigt sich anschaulich, dass durch den Ersatz von eigenem Personal durch Honorarkräfte insgesamt Kosten eingespart werden können. Die Investitionsentscheidung ist natürlich zusätzlich von qualitativen Merkmalen abhängig.

b) Gewinnvergleichsrechnung

Die Gewinnvergleichsrechnung stellt eine Erweiterung der Kostenvergleichsrechnung dar, indem die Umsatzerlöse berücksichtigt werden. Als Bewertungskriterium dient der durchschnittliche Gewinn der jeweiligen Investitionsalternative. Damit kann für eine Investitionsmaßnahme neben dem Alternativenvergleich auch festgestellt werden, ob sie überhaupt Gewinn abwirft (vgl. Bachert (2003), 2/6.2.4.14).

Ziel der Gewinnvergleichsrechnung ist es festzustellen, ob eine Investitionsalternative gewinnbringend ist und diese mit anderen zu vergleichen.

Die **Berechnung** verbindet die Berechnung der gesamten Kosten pro Jahr (siehe Kostenvergleichsrechnung) mit den erwarteten Erlösen:

Investitionsalternative I	Investitionsalternative II
Gesamte Kosten (Euro/Jahr)	Gesamte Kosten (Euro/Jahr)
- Erlöse (Euro/Jahr)	- Erlöse (Euro/Jahr)
= Gewinn (Euro/Jahr)	= Gewinn (Euro/Jahr)
Ermittlung der Gewinndifferenz aus I und II	

In der Praxis können über diese Methode verschiedene Kostenaufstellung unter Einbeziehung der erwarteten Gewinne verglichen werden.

c) Rentabilitätsvergleichsrechnung

Mit der Rentabilitätsrechung soll die durchschnittliche jährliche Verzinsung eines Investitionsobjektes ermittelt werden. Dies wird erreicht, indem zunächst die Kosten von den Erlösen abgezogen werden und das Ergebnis durch den erforderlichen Kapitaleinsatz dividiert wird (vgl. Olfert/Reichel (2008), S. 85).

Ziel ist die Ermittlung der Rentabilität, also einer prozentualen Größe die Auskunft darüber gibt wie rentabel die Investition ist. Auch hier können zwei oder mehrere Alternativen miteinander verglichen werden. Die Alternative mit der größeren Rentabilität wird ausgewählt.

Die **Berechnung** erfolgt über folgende Formel:

$$\text{Rentabilität} = \frac{\text{Erlöse (Euro/Jahr) - Gesamte Kosten (Euro/Jahr)}}{\text{Durchschnittlicher Kapitaleinsatz}} \times 100$$

Investitionsalternative I	Investitionsalternative I
Rentabilität Investition I	Rentabilität Investition II

Im folgendem Beispiel wird mit einem durchschnittlichem Kapitaleinsatz von 56.000 € und einem Gewinn von 9.000 € gerechnet. Die Rentabilität beträgt 16 %.

Rentabilitätsrechnung	
Summe Aufwendungen	**56.000 €**
Erträge aus Leistungen	15.000 €
Projektzuschüsse	50.000 €
Summe Erträge	**65.000 €**
Gewinn	9.000 €
Rentabilität	**16%**

Abb. 11: Beispiel Rentabilitätsrechnung

d) Amortisationsvergleichsrechnung

„Mithilfe der Amortisationsvergleichsrechnung, die auch als Pay-off-Rechnung oder Pay-back-Rechnung bekannt ist, wird der Zeitraum ermittelt, der notwendig ist, um die Auszahlung für die Anschaffung eines Anlagegutes durch seine jährlich erzielten Überschüsse auszugleichen, die sich als Gewinn- und Abschreibungsgrößen ergeben" (Olfert/Reichel (2008), S. 85).

Ziel ist die Ermittlung der Amortisationszeit eines Anlagegutes.

Die **Berechnung** erfolgt über folgende Formel:

$$\text{Amortisationszeit} = \frac{\text{Anschaffungskosten}}{\text{Jährlicher Gewinn} + \text{jährliche Abschreibungen}}$$

In der Praxis kann die Amortisationszeit beispielsweise für folgende Maßnahme errechnet werden. Der Mitteleinsatz von 42.000 €, der sich hier aus der Differenz der Erträge und der Aufwendung der Maßnahme ergibt, muss durch zukünftige Erträge amortisiert werden. In diesem Beispiel können durch zusätzliche Kundenbindungen jährlich 12.000 € Gewinn erwirtschaftet werden. Die Maßnahme ist dadurch innerhalb von dreieinhalb Jahren refinanziert.

Amortisationsrechnung	
Summe Aufwendungen	**56.000 €**
Summe Erträge	**14.000 €**
Ergebnis	**-42.000 €**
zusätzliche Einnahmen durch Kundenbindung im Jahr	**12.000 €**
Amortisationszeit	**3,50**

Abb. 12: Amortisationsrechnung

1.2.3.2 Dynamische Investitionsrechnungen

a) Kapitalwertmethode

„Bei der Kapitalwertmethode erfolgt die Abzinsung aller zukünftig anfallenden Zahlungen einer Investitionsmaßnahme auf den so genannten Barwert zum gegenwärtigen Entscheidungszeitpunkt" (Bachert (2003), 2/6.2.4.21).

Ziel ist die Ermittlung der Investition mit dem günstigsten Kapitalwert. Eine Investition ist dann vorteilhaft, wenn der Kapitalwert größer oder mindestens gleich Null ist.

Bei der **Berechnung** wird die Differenz aus der Summe aller abgezinsten Einnahmen aus der Investition und der Summe aller abgezinsten Ausgaben aus der Investition gebildet.

Kapitalwert = Abgezinste Einnahmen − Abgezinste Ausgaben

Das Ergebnis für den Kapitalwert kann wie folgt interpretiert werden:

$C_o > 0$ Eine Organisation bekommt über die Rückflüsse das investierte Kapital zurück und erhält eine Verzinsung des eingesetzten Kapitals in Höhe des angesetzten kalkulatorischen Zins. Darüber hinaus erhält die Einrichtung einen Überschuss in Höhe des Kapitalwerts.

$C_o = 0$ Eine Organisation bekommt über die Rückflüsse das investierte Kapital zurück und erhält eine Verzinsung des eingesetzten Kapitals in Höhe des angesetzten kalkulatorischen Zins.

$C_o < 0$ Eine Organisation würde bei der Durchführung der Investition einen barwertigen Verlust in Höhe des Kapitalwerts erleiden.

Das Verfahren kann sowohl zur Beurteilung einer einzelnen Investitionsentscheidung als auch zum Vergleich mehrerer Investitionsalternativen genutzt werden (vgl. Bachert (2003), 2/6.2.4.22).

b) Interne Zinsfußmethode

Bei dieser Methode wird als Beurteilungskriterium für die Vorteilhaftigkeit der Investitionsmaßnahme der interne Zinsfuß herangezogen. Der interne Zinsfuß ist der Zinssatz, bei welchem die Abzinsung aller Einnahmen und Ausgaben zu einem Kapitalwert von Null führt.

Ziel ist die Bewertung einer einzelnen Investitionsmaßnahme durch den Vergleich des ermittelten internen Zinsfußes mit einem von der Organisation festgelegten kalkulatorischen Zinssatzes, der sozusagen eine Mindestverzinsung für die Investitionsentscheidung vorgibt. Bei mehreren Investitionsalternativen ist diejenige Investitionsalternative mit dem höchsten internen Zinsfuß die Vorteilhafteste.

Die **Berechnung** des internen Zinsfußes geschieht näherungsweise durch rechnerische Interpolation unter Verwendung von zwei Näherungszinssätzen (vgl. Bachert (2003), 2/6.2.4.22).

c) Annuitätenmethode

„Im Gegensatz zu der Kapitalwertmethode, die den Totalerfolg einer Investition misst, zeigt die Annuitätenmethode den periodischen Erfolg einer Investition. Zu diesem Zweck wird zunächst der Kapitalwert der Investition ermittelt, der dann mit dem Kapitalwiedergewinnungsfaktor multipliziert wird. Der Kapitalwiedergewinnungsfaktor ist einer finanzmathematischen Tabelle zu entnehmen" (Olfert/Reichel (2008), S. 93f).

Ziel ist die Ermittlung der Investition mit der höchsten Annuität.

Frage: Wie sieht ein Beispiel einer Investitionsplanung aus?

Die folgende Abbildung stellt ein Investitionsplanungsinstrument in Excel dar, welches in der Praxis als Mindestanforderung von Sozialunternehmen Verwendung findet.

Es enthält als Spaltenkriterien:

- Die Nummer der Investition,
- Gegenstand (Maßnahme),
- Betrag in €,
- AfA in Jahren,
- Datum der Anschaffung,
- Betrag für Planungsjahr.

Weitere optionale Felder die je nach Organisationstyp eingesetzt werden können, sind zum Beispiel: Menge, Priorität, Begründung, (Hilfe-) Bereich / Standort, Kostenstelle, Zuordnung des Anlageguts (Eigene Gebäude, Fremde Gebäude, Außenanlagen, Bürogeräte, Spezifisches Inventar, Hauswirtschaft, Technisches Inventar, Fuhrpark) Summe je Kostenstelle, Summe je Priorität. In den Zeilen werden die Daten für jedes Investitionsbeziehungsweise Anlagegut beziehungsweise Maßnahme eingetragen.

Investitionsplan					
Nr.	Gegenstand	Betrag in €	AfA in Jahren	Datum der Anschaffung	Betrag für Planungsjahr
1					
2					
3					
4					
5					
6					
7					
8					
9					
	Summe	- €			- €

Abb. 13: Investitionsplan

Arbeitsvorlage ZSU GmbH

1.3 FINANZIERUNG VON SOZIALUNTERNEHMEN IN DER PRAXIS

Grundlagen der Finanzierung	
Kapitelbezeichnung	**Zentrale Fragen dieses Kapitels**
Finanzierung von Sozialunternehmen in der Praxis	Worin unterscheiden sich das betriebswirtschaftliche, das sozialwirtschaftliche und das Nonprofit-Verständnis von Finanzierung?
	Was ist das sozialrechtliche Dreiecksverhältnis?
	Welche Handlungsfelder können in der Praxis unterschieden werden?
	Welche Finanzgeber gibt es?
	In welcher Form wird das Kapital zur Verfügung gestellt?
	Welcher Finanzierungsherkunft und welcher Kapitalart lassen sich die Finanzierungsarten zuordnen?
	Wie funktioniert Fremdfinanzierung von Sozialunternehmen?
	Welche Kreditarten gibt es?
	Wie funktioniert Beteiligungsfinanzierung von Sozialunternehmen?
	Bei welchen Rechtsformen gibt es eine Beteiligungsfinanzierung?
	Welche Anlässe führen zu einer Beteiligungsfinanzierung?
	Wie funktioniert Innenfinanzierung bei Sozialunternehmen?
	Wie geschieht eine Finanzierung aus Umsatzerlösen?
	Was sind Kapitalrücklagen?
	Was sind Betriebsmittel- beziehungsweise satzungsgemäße Rücklagen?
	Was sind zweckgebundene Rücklagen beziehungsweise Projektrücklagen?
	Was sind freie Rücklagen?
	Welche Regeln gibt es für die Rücklagenbildung

> in der Praxis?
> Wie funktioniert die Refinanzierung über Abschreibungen?
> Wie unterscheiden sich Rückstellungen von Rücklagen?
> Wie funktioniert die Buchung einer Rückstellung?
> Was versteht man unter Kapitalfreisetzungen?

1.3.1 Besonderheiten der Finanzierung von Sozialunternehmen

1.3.1.1 Meritorische Güter und philantropisches Leistungsverständnis

Frage: Worin unterscheiden sich das betriebswirtschaftliche, das sozialwirtschaftliche und das Nonprofit-Verständnis von Finanzierung?

Die **sozialwirtschaftliche Finanzierungsfunktion** muss neben der klassischen betriebswirtschaftlichen Finanzierung, im Sinne der Kapitalbeschaffung, die Finanzierung der Leistungen durch Entgelte beachten. Die Besonderheit dieser Finanzierung ergibt sich aus dem ökonomischen Hintergrund des sozialwirtschaftlichen Finanzierungsverständnisses, welcher berücksichtigt, dass Sozialunternehmen meritorische[1] und öffentliche Güter anbieten, welche dem Einzelnen oder der Allgemeinheit zu Gute kommen, aber durch den Staat bezahlt werden. Der Beschaffung von Geldmitteln für den laufenden Betrieb der Einrichtung und damit der Frage nach dem Kostenträger und der gesetzlichen Grundlage sowie der Form und Höhe der Vergütung muss bei Sozialunternehmen daher eine besondere Bedeutung zukommen (vgl. Schellberg (2004), S. 13ff).

Das **Finanzierungsverständnis von Nonprofit-Organsiationen** ist um einen weiteren Aspekt ergänzt. Diese bieten in der Regel Leistungen auch dann an, wenn sie nicht kostendeckend refinanziert werden. Dies ist aber kein entscheidendes Merkmal von Sozialunternehmen im Allgemeinen. „Es ist durchaus denkbar und es lassen sich auch in der Praxis Beispiele

---

[1] Meritorische Güter werden staatlich finanziert, weil der Staat ein Interesse am Angebot dieser Güter hat.

gewinnorientierter arbeitender Social Entrepreneurs[2] finden, die gleichzeitig primär soziale Ziele verfolgen" (Achleitner/Pöllath/Stahl (2007), S. 9). Sozialwirtschaftliche Nonprofit-Organisationen in Deutschland sind in der Regel gemeinnützige Organisationen und Einrichtungen der freien Wohlfahrtspflege, welche Eigenmittel einsetzen, um die Verluste zu finanzieren. Das Verständnis der Nonprofit–Organisation unterscheidet sich demnach dadurch, dass die Finanzierung nicht vergüteter Leistungen hinzukommt. Im Sinne des philanthropischen Handelns wird das geplante Defizit eines Leistungsbereiches ausgewiesen. Die Finanzierungsaufgabe besteht daraus folgend darin, dieses Defizit über die Leistungen von Philanthropen zu decken oder aber Maßnahmen zu suchen, um das Defizit gar nicht entstehen zu lassen (vgl. Schellberg (2004), S. 16).

1.3.1.2 Das sozialrechtliche Dreiecksverhältnis

Frage: Was ist das „sozialrechtliche Dreiecksverhältnis"?

Im Gegensatz zu den Austauschbeziehungen auf normalen Märkten, geschieht der Austausch der Leistungen und Gegenleistungen im sozialwirtschaftlichen Bereich in der Regel im „Sozialrechtlichen Dreiecksverhältnis".

Soziale Einrichtungen und Dienste erbringen Leistungen und erhalten dafür Entgelte. Sie werden deshalb als **Leistungserbringer** bezeichnet. Diese Leistungen werden über unterschiedliche Geldgeber finanziert. Der **Leistungsempfänger** (zum Beispiel Nutzer, Klient, Betreuter) kann einer dieser „Geldgeber" sein, ist aber nicht immer zur Übernahme der Kosten vorgesehen oder verpflichtet. Oftmals geschieht dies ganz oder teilweise durch die **Leistungsträger** (vgl. Kohlhoff (2002), S. 19). Der Leistungserbringer schließt mit dem Leistungsempfänger oder Hilfeempfänger einen privatrechtlichen Vertrag über die Leistungserbringung. Der Leistungsempfänger wiederum hat einen Anspruch auf Grund seines Bedarfs gegenüber dem Leistungsträger, welcher in den Sozialgesetzbüchern verankert ist. Der Leistungsträger schließt eine Vereinbarung über die Vergütung mit dem Leistungserbringer ab. Die auf den normalen Märkten wirkenden (Preis-)Mechanismen über Angebot und Nachfrage greifen unter diesen reglementierten und gesetzlich fixierten Bedingungen nicht und müssen einer erweiterten Sichtweise unterworfen werden.

---

[2] Der Begriff Entrepreneur steht übersetzt für Unternehmensgründer

Allerdings muss gesagt werden, dass im Zusammenhang mit der Einführung des persönlichen Budgets und verschiedenen bundesgerichtlichen Entscheidungen auch die Vertragsbeziehungen des so genannten „sozialrechtlichen Dreiecksverhältnisses" einem Wandel unterworfen sind. Diese Entwicklung hat mit der Abschaffung des „Selbstkostendeckungsprinzips" begonnen und hat unter anderem zum Ziel Marktpreise, also Preise vergleichbarer Leistungen, im sozialwirtschaftlichen Sektor einzuführen und einen stärkeren Wettbewerb unter den Leistungserbringern zu fördern. Immer dann, wenn es jedoch um die individuelle Bedarfsdeckung des einzelnen Menschen den Wunsch und das Wahlrecht der Betroffenen geht, wird eine ausschließlich ökonomisch geprägte Handhabung den individuellen menschlichen und pflegerischen Bedürfnissen nicht gerecht. Hier müssen neben Kostengesichtspunkten auch ethische Gesichtspunkte und der Wille des Gesetzgebers Beachtung finden.

Abb. 14: Sozialrechtliches Dreiecksverhältnis
in Anlehnung an Kohlhoff (2002), S. 19

1.3.1.3 Handlungsfelder der Finanzierung von Sozialunternehmen

Sowohl das so genannte philanthropische Leistungsverständnis als auch das sozialrechtliche Dreiecksverhältnis müssen in den Kreislauf der Finanz- und Leistungsströme des normalen Marktes integriert werden und können wie folgt dargestellt werden:

Abb. 15: Finanzierung von Sozialunternehmen
in Anlehnung an Schellberg (2004), S. 17

Frage: Welche Handlungsfelder können in der Praxis unterschieden werden?

1. Kapitalbeschaffung und –verwendung

Die Geld- und Güter- sowie Leistungsströme in „normalen Märkten" sind durch die Zulieferer, die Kreditgeber, und Eigentümer und die Unternehmung geprägt. Auf diesem Markt sorgt der Preis dafür, dass alle Ressourcen (zum Beispiel Arbeitskraft und Geld) unter bestimmten Prämissen (zum Beispiel vollständige Konkurrenz und Information sowie homogene Märkte) in ihre effizienteste Verwendung fliesen (vgl. Göbel (2002), S. 28). Für die Finanzierung ergibt sich die Aufgabe der Kapitalbeschaffung und Kapitalverwendung.

2. Entgelt- und Vergütungskalkulation und Verhandlung

Sozialwirtschaftliche Nonprofit-Organisationen geben Leistungen an Kunden ab, die gegenüber einem Sozialleistungsträger einen Rechtsanspruch auf diese Leistungen haben. Die Vergütung dieser Leistungen wird vom Sozialleistungsträger ergänzend oder auch vollständig, je nach Hilfebereich, auch vom Kunden übernommen. Für die Finanzierungsaufgabe folgt hieraus die Vergütungs- und Entgeltkalkulation, -verhandlung und -vereinbarung.

3. Deckung des Defizits

Daneben treten in diesem Kreislauf die so genannte Philanthropen auf. Die Austauschbeziehungen zwischen dem Philanthropen und dem Sozialunternehmung sind geprägt von Spenden und ehrenamtlichem Engagement einerseits und andererseits der ideellen Gegenleistung in Form von sozialer und gesellschaftlicher Anerkennung. Für die Finanzierung kann sich hieraus als Handlungsfeld die Deckung des Defizits ergeben, auch wenn dies nicht allein über Philanthropen gelöst werden kann (zum Beispiel über Quersubventionierung oder Rücklagenauflösung).

1.3.1.4 Finanzgeber und Finanzierungsformen

Frage: Welche Finanzgeber gibt es für Sozialunternehmen?

Aufbauend auf der Frage nach der Kapitalherkunft, muss analysiert werden, wer das Kapital zur Verfügung stellt. Aus der institutionellen Betrachtung heraus, können die Finanzgeber eingeteilt werden in öffentliche Hand, private Institutionen und Personen sowie Träger sozialer Dienste.

FINANZIERUNGSGEBER		
Öffentliche Hand	**Private Institutionen und Personen**	**Eigentümer sozialer Dienste**
Sozialleistungsträger	Spender	Gesellschafter
Europäische Fonds	Sponsoren	Mitglieder
	Förderstiftungen	Stifter
	Leistungsempfänger	
	Sonstige private Personen	
	Banken	
	Investoren	

Abb. 16: Finanzierungsgeber

Frage: In welcher Form wird das Kapital zur Verfügung gestellt?

Die Sicht der Finanzgeber kann eine sinnvolle Erweiterung erfahren, indem zudem die Finanzierungsformen betrachtet werden. Sie erlauben genauere Aussage über Kapitalart und Kapitalherkunft. Im Folgenden wird dargestellt in welcher Form das Kapital zur Verfügung gestellt wird.

FINANZIERUNGSFORMEN		
Öffentliche Hand	Private Institutionen und Personen	Eigentümer sozialer Dienste
Sozialleistungsträger	**Spender**	**Gesellschafter**
Entgelte und	Spendenmittel	Einlagen
Zuschüsse	**Sponsoren**	Gesellschafterdarlehn
Europäische Fonds	Sponsoringmittel	**Mitglieder**
Zuschüsse	**Förderstiftungen**	Mitgliedsbeiträge
	Fördermittel von Stiftungen	**Stifter**
	Leistungsempfänger	Erträge a. Stiftungskapital
	Leistungserträge	
	Sonstige private Personen	
	Sonstige private Mittel	
	Banken	
	Kredite	
	Investoren	
	Kreditsubstitute	

Abb. 17: Finanzierungsformen

1. Öffentliche Hand

Die Sozialleistungsträger treten zum einen im „Sozialrechtlichen Dreiecksverhältnis" auf und finanzieren die Leistungserbringer über Entgelte und Vergütungen. Zum anderen fördern sie staatliche Aufgaben, Modellprojekte und kulturelle Maßnahmen über Zuschüsse. Neben der staatlichen öffentlichen Finanzierung sind europäische Zuschüsse in den letzten Jahren immer wichtiger geworden.

2. Private Institutionen und Personen

Private Institutionen und Personen können im Sinne der Philanthropen als Spender oder Sponsoren auftreten und es gibt die Möglichkeit der Finanzierung über Mittel von Förderstiftungen. Leistungsempfänger (zum Beispiel Heimbewohner) können ebenfalls als Dritte eine Finanzierung in das Sozialunternehmen einbringen, wenn bestimmte Leistungen privat beglichen werden. Daneben gibt es eine Vielzahl weiterer Finanzierungsmöglichkeiten von privaten Dritten sowie Banken und Investoren, die über unterschiedliche Formen zur Finanzierung der Einrichtung beitragen.

3. Eigentümer

Der Träger sozialer Dienste stellt als Eigentümer Finanzierungsmittel zur Verfügung. Bei Gesellschaften mit beschränkter Haftung setzen die Gesellschafter das Gesellschafterkapital bei Gründung ein. Zudem können Sie später als Kreditgeber auftreten. Die Eigentümer eines Vereins sind die Mitglieder. Diese bringen bei der Gründung in der Regel kein Kapital ein, sondern finanzieren die Leistungen durch Mitgliedsbeiträge. Stiftungen haben keinen Eigentümer, sondern sind durch das Vermögen und den Stiftungszweck bestimmt. Die Finanzierung geschieht über die Erträge aus dem Stiftungskapital, welches in seinem Bestand bestehen bleibt.

1.3.1.5 Finanzierungsherkunft

Frage: Welcher Finanzierungsherkunft und welcher Kapitalart lassen sich die Finanzierungsformen zuordnen?

Die genannten Finanzgeber und zugeordneten Finanzierungsformen lassen sich in die Gliederung nach Kapitalherkunft einordnen.

Innenfinanzierung		
Öffentliche Hand	Private Institutionen und Personen	Eigentümer sozialer Dienste
Sozialleistungsträger	Spender	Mitglieder
Entgelte und Vergütungen	Spendenmittel	Mitgliedsbeiträge
Zuschüsse	Sponsoren	Stifter
Europäische Fonds	Sponsoringmittel	Erträge a. Stiftungskapital
Zuschüsse	Förderstiftungen	
	Fördermittel von Stiftungen	
	Leistungsempfänger	
	Leistungserträge	
	Sonstige private Personen	
	Sonstige private Mittel	
Umsatzerlöse/ Kapitalfreisetzungen		

Abb. 18: Zuordnung zu Außen- und Innenfinanzierung

Bei der **Außenfinanzierung** in Form einer Fremd- oder Beteiligungsfinanzierung werden Sozialunternehmen durch Banken und weitere Kreditgeber sowie private Investoren Finanzmittel zur Verfügung gestellt. Es wird für Sozialunternehmen in Zukunft immer wichtiger, sich über die Außenfinanzierung Kapital zu beschaffen, da die Förderung durch die öffentliche Hand zunehmend eingeschränkt wird. Insbesondere neue Finanzierungsformen von Investoren sind in den letzten Jahren in der Sozialbranche diskutiert worden. Die Funktionsweise der Außenfinanzierung ist im folgenden Abschnitt beschrieben.

Diese Aufstellung zeigt, dass der Großteil der Finanzierungen von Sozialunternehmen über die **Innenfinanzierung** erfolgt. Sozialunternehmen erhalten Erlöse von der Öffentlichen Hand, private Institutionen und Personen, sowie durch die Eigentümern des Unternehmens. Diese Umsatzerlöse dienen der Deckung der laufenden Betriebskosten. Da die Finanzierung der Betriebskosten durch die öffentliche Hand immer weiter verringert wird, muss den Erträgen von Dritten eine besondere Bedeutung zugemessen werden. Das Fundraising ist deshalb in den letzten Jahren immer wichtiger geworden. Wenn die Umsatzerlöse die Aufwendungen übersteigen, können über Gewinnthesaurierungen weitere Maßnahmen finanziert werden. Zudem werden im Bereich der Innenfinanzierung Abschreibungs-

und Rückstellungsgegenwerte, sowie Finanzmittel aus Vermögensveräußerungen angesetzt. Die Funktionsweise der Innenfinanzierung wird ebenfalls in diesem Kapitel genauer beschrieben.

1.3.2 Finanzierung von Sozialunternehmen von Außen

Wie bereits beschrieben wird die Außenfinanzierung in die Beteiligungsfinanzierung und die Fremdfinanzierung unterschieden. Beide Formen sind auch für Sozialunternehmen relevant.

1.3.2.1 Fremdfinanzierung

Frage: Wie funktioniert die Fremdfinanzierung von Sozialunternehmen?

Eine Fremdfinanzierung erfolgt durch die Zuführung von Fremdkapital durch externe Kapitalgeber wie Banken und Investoren. Von Seiten der Banken werden Kredite vergeben, um Kapital übergangsweise zur Verfügung zu stellen (vgl. Schneck (2007), S. 321). Aus Finanzierungsgesichtspunkten gilt im Sinne der goldenen Bilanzregel, dass langfristige Investitionen immer auch durch langfristiges Kapital wie zum Beispiel Darlehen finanziert werden müssen (vgl. Wöhe (1998), S. 347f).

Frage: Welche Kreditarten gibt es?

Der Begriff „Kredit" kann aus dem lateinischen Wort „credere" abgeleitet werden. Es bedeutet so viel wie „glauben". So glaubt der Kreditgeber bei der Kreditvergabe daran, dass der Kreditnehmer den ausgeliehenen Betrag zurückbezahlen kann (vgl. Bachert (2006), S. 148). Ein Kredit stellt die Gebrauchsüberlassung von Geld oder vergleichbaren Sachen auf Zeit dar.

Bei der Kreditvergabe kann zwischen verschiedenen Kreditarten unterschieden werden. Eine in der Theorie und Praxis übliche Einteilung der Kreditarten erfolgt in kurzfristige und langfristige Kredite.

1.3.2.1.1 Kurzfristige Kredite

Kurzfristige Kredite können in „Kredite von Nichtbanken" und „Kredite von Kreditinstituten" eingeteilt werden. Die folgende Abbildung gibt einen Überblick über mögliche kurzfristige Kredite. Die Lieferantenkredite sind in Kapitel 2.2.3, die Kundenzahlungen in Kapitel 2.2.1.4 und die Kreditformen der Banken in Kapitel 2.2.2.1 beschrieben.

Kurzfristige Kredite	
Kredit von Nichtbanken	Kredite von Kreditinstitutionen
Lieferantenkredite	Kontokorrentkredit
Kundenanzahlungen	Diskontkredit
	Lombardkredit
	Akzeptkredit
	Avalkredit

Abb. 19: Kurzfristige Kredite

1.3.2.1.2 Langfristige Kredite

Mögliche langfristige Kredite sind:

- Darlehen,
- Anleihen,
- Schuldscheindarlehen.

Langfristige Kredite können von unterschiedlichen Kreditgebern vergeben werden. Neben den Banken treten hier die Bundesrepublik, spezielle Kreditinstitute (Kreditanstalt für Wiederaufbau), private Institutionen und Personen oder Wohlfahrtsverbände als Emittenten auf.

Ein **Darlehen** stellt eine Möglichkeit eines mittel- oder langfristigen Kredites dar. Es handelt sich dabei um einen schuldrechtlichen Vertrag, durch welchen dem Darlehensnehmer in der Regel Geld, aber auch vertretbare Sachen für eine bestimmte Zeit zum Gebrauch überlassen werden. Die Definition für Darlehen kann in § 488 Abs. 1 BGB eingesehen werden. Dort heißt es, dass der Darlehensgeber einen Geldbetrag in vereinbarter Höhe dem Darlehensgeber zur Verfügung stellt. Der Darlehensnehmer verpflichtet sich die vereinbarten Zinsen sowie den Darlehensbetrag bei Fälligkeit zurückzuerstatten (vgl. Nicolini (2006), S. 109).

Eine häufig zur Anwendung gelangende Form des Darlehens ist das **Annuitätendarlehen**. Hierbei erfolgt die Zahlung von Zins und Tilgung über die gesamte Laufzeit in gleichen Beträgen. Die Tilgungsraten nehmen dabei kontinuierlich zu und die Zinszahlungen entsprechend ab. Ein Annuitätendarlehen hat demnach konstante Rückzahlungsbeträge und wird bei Sozialunternehmen häufig zur Finanzierung von Anlagegütern eingesetzt. Beim Abzahlungsdarlehen dagegen bleiben die Tilgungsraten über die Laufzeit des Kredits konstant. Die Zinszahlungen werden dadurch geringer, was eine Abnahme der Gesamtzahlungen während der Kreditlaufzeit bedeutet.

Anleihen sind festverzinsliche Schuldverschreibungen, die über einen festen Betrag lauten. Die Käufer der Anleihen stellen dem ausgebenden Unternehmen Fremdkapital zur Verfügung. Unterteilt werden können die Anleihen nach den Konditionen (fester oder variabler Zinssatz über Gesamtlaufzeit), nach der Laufzeit (in der Regel 3 bis 15 Jahre, gegebenenfalls Sonderformen), nach der Währung (Euro, Dollar) und nach den Emittenten (öffentliche Anleihen, Schuldverschreibungen, Pfandbriefe, Industrieobligationen). In der Regel ist dies keine Finanzierungsmöglichkeit für Sozialunternehmen.

Auch **Schuldscheindarlehen** gehören in den Bereich der langfristigen Fremdfinanzierung. Sie werden zunehmend eine Alternative bei der langfristigen Finanzierung von Anlagegütern. Es handelt sich dabei um verbriefte Kreditforderungen. Sie sind nicht börsenfähig, können aber außerbörslich gehandelt werden. In der Regel werden Beträge im Millionenbereich mit einer Laufzeit von mindestens vier Jahren abgeschlossen. Diese Finanzierungsform ist eher für größere Organisationen maßgeblich (vgl. Nicolini (2006), S. 115).

1.3.2.2 Beteiligungsfinanzierung

Frage: Wie funktioniert die Beteiligungsfinanzierung von Sozialunternehmen?

Die Beteiligungsfinanzierung erfolgt ebenfalls durch externe Kapitalgeber, welche über die jeweilige Rechtsform am Unternehmen beteiligt sind. Im Gegensatz zur Fremdfinanzierung handelt es sich hierbei um die Zuführung von Eigenkapital. Dieses Kapital kann dem Sozialunternehmen von bestehenden oder neuen Gesellschaftern auf unterschiedliche Weise überlassen werden (vgl. Olfert/Reichel (2008), S. 179).

Beteiligungsformen	
Geldeinlagen	Häufigste Form der Beteiligung, da der nominelle Wert feststeht und keine Bewertung erfolgen muss.
Sacheinlagen	Beteiligung in Form von Gebäuden, Fahrzeugen, Betriebs- und Geschäftsausstattung und Sachmitteln bei der der realistische Wert ermittelt werden muss.
Rechte	Beteiligung in Form von Nutzrechten, Patenten und Wertpapieren, die ebenfalls realistisch bewertet werden müssen.

Abb. 20: Beteiligungsformen

Die Möglichkeit der Beteiligungsfinanzierung ist von der Objektform sowie dem Anlass abhängig, welche im Folgenden vorgestellt werden sollen.

Frage: Bei welchen Rechtsformen (Objekten) gibt es eine Beteiligungsfinanzierung?

Eine Beteiligungsfinanzierung ist bei Einzelunternehmen, Personengesellschaften und Kapitalgesellschaften möglich. Diese Gesellschaftsformen werden im nächsten Abschnitt näher betrachtet. Die häufigsten Rechtsformen der Sozialwirtschaft sind aber der Verein und die Stiftung, bei der die Arbeit des Unternehmens von Innen über Mitgliedsbeiträge, Erträge aus Stiftungskapital und weiteren Umsatzerlösen finanziert wird. Bei diesen Rechtsformen gibt es keine Eigentümer, die das Unternehmen mit Kapital versorgen, so dass eine klassische Beteiligungsfinanzierung nicht vorliegen kann.

1.3.2.2.1 Einzelunternehmen

Ein Einzelunternehmen besteht gemäß Handelsgesetzbuch, wenn der Unternehmer einen in kaufmännischer Weise eingerichteten Geschäftsbetrieb aufweist (Istkaufmann) oder seine Firma im Handelsregister eingetragen ist (Kannkaufmann). Die Beteiligungsfinanzierung basiert bei Einzelunternehmen lediglich auf den Zuführungen des Eigenkapitals vom Einzelunternehmer selbst oder durch die Aufnahme eines Stillen Gesellschafters. In der Sozialwirtschaft gibt es in der Regel keine Einzelunternehmer.

1.3.2.2.2 Personengesellschaften

„Personengesellschaften sind Unternehmen, die keine Rechtsfähigkeit besitzen und deren Gesellschafter in der Mehrzahl der Fälle natürliche Personen sind" (Olfert/Reichel (2008), S. 183).

Personengesellschaften				
Offene Handels-gesellschaften	Kommandit-gesellschaften	Stille Gesellschaften	Gesellschaften des bürgerlichen Rechts	Partnerschafts-gesellschaften

Abb. 21: Personengesellschaften

Die **offene Handelsgesellschaft**, die **Kommanditgesellschaft** sowie die **Stille Gesellschaft** sind vertragliche Vereinbarung von mindestens zwei Personen oder zwischen einem Geschäftsinhaber und einem Kapitalgeber zum Betrieb eines Handelsgewerbes, deren Grundlagen im Handelsgesetzbuch geregelt sind. **Partnergesellschaften** gibt es seit 1995. Diese sind für den Zusammenschluss von Angehörigen aus freien Berufen (Ärzte, Steuerberater, Rechtsanwälte) im Partnerschaftsgesetz verankert worden. In der Sozialwirtschaft sind diese Rechtsformen in der Regel nicht vertreten.

Die **Gesellschaft bürgerlichen Rechts**, auch BGB-Gesellschaft genannt, ist eine vertragliche Vereinbarung von Personen zur Erreichung eines gemeinsamen Ziels. In den §§ 705-740 des Bürgerlichen Gesetzbuches ist bestimmt, dass diese Gesellschaftsform von mindestens zwei natürlichen oder juristischen Personen gebildet werden können. Da es sich hierbei um eine nicht rechtsfähige Gesellschaft handelt, wird diese Form des Zusammenschlusses in der Regel zum Zweck der Interessensverfolgung in Gelegenheitsgesellschaften für die Vermögensverwaltung oder von Arbeitsgemeinschaften verwendet. Die Beteiligungsfinanzierung bei Gesellschaften bürgerlichen Rechts ist in Form einer Kapitaleinlage von den Gesellschaftern in der im Gesellschaftervertrag festgelegten Höhe zu leisten. Eine

Mindesthöhe ist gesetzlich nicht vorgeschrieben, so dass es den Gesellschaftern frei steht, die Höhe und Aufteilung der Beteiligung festzulegen. Die Kapitaleinlage dient der Gesellschaft zur Finanzierung des Geschäftszwecks. Die Haftung der Gesellschafter ist grundsätzlich unmittelbar, unbeschränkt und solidarisch und kann nur durch individuelle Vereinbarungen mit den Gläubigern auf den Anteil am Gesellschaftsvermögen beschränkt werden. Im Falle eines Verlusts der Gesellschaft muss bei fehlenden vertraglichen Vereinbarungen dieser zu gleichen Teilen getragen werden. Da der Unternehmer für sein Unternehmen mit dem eingesetzten Kapital und in der Regel auch mit dem Privatvermögen haftet (Ausnahme sind stille Gesellschafter), sind Beteiligungen mit einem gleichzeitigen unternehmerischen Engagement verbunden. In der Sozialwirtschaft sind Gesellschaften bürgerlichen Rechts vertreten. Bei der Gründung dieser Rechtsform steht in der Regel ein Zusammenschluss aus inhaltlichen Überlegungen im Vordergrund.

1.3.2.2.3 Kapitalgesellschaften

Kapitalgesellschaften sind rechtsfähig und verfügen über ein festes Nominalkapital. Dies bedeutet, dass Gewinne nicht in voller Höhe den Gesellschaftern zugeschrieben werden müssen, sondern dieses Kapital als Rücklage im Unternehmen bleibt. Daraus ergibt sich anders als bei Personengesellschaften ein eigenes Vermögen der Gesellschaft. Die Haftung der Gesellschafter ist bis zur Höhe der Einlage begrenzt.

Kapitalgesellschaften	
Gesellschaft mit beschränkter Haftung	Aktiengesellschaften

Abb. 22: Kapitalgesellschaften

Die **Aktiengesellschaft** (AG) ist eine Handelsgesellschaft deren Gesellschafter über Einlagen auf das in Aktien zerlegte Grundkapital beteiligt sind. Die rechtliche Grundlage für die Aktiengesellschaften bildet das Aktiengesetz. In der originären Sozialwirtschaft gibt es keine Aktiengesellschaften, da die Gründung einer Aktiengesellschaft mit dem Ziel der Gewinnausschüttung verknüpft ist und die Beteiligung der Aktionäre an der Finanzierung des Unternehmens durch die Ausschüttung des Bilanzgewinns entlohnt wird. Im Sinne des sozialrechtlichen Dreiecksverhältnisses ist es aber die Aufgabe der Sozialunternehmen, Leistungen ohne Gewinnerzielungsabsicht zu erbringen. Aktiengesellschaften die soziale Aufgaben erfüllen, sind in den letzten Jahren als gemeinnützige Aktiengesellschaften gegründet worden. Diese Rechtsform vereint die Vorteile der gewerblichen Aktivität der AG mit den Steuervorteilen, die das Gemeinnützigkeitsrecht ermöglicht.

Die **Gesellschaft mit beschränkter Haftung (GmbH)** ist ebenfalls „eine Handelsgesellschaft mit eigener Rechtspersönlichkeit, deren Gesellschafter mit Einlagen auf das in Geschäftsanteile zerlegte Stammkapital von mindestens 25.000 € beteiligt sind" (Olfert/Reichel (2008), S. 195). Für die Gründung einer GmbH ist eine natürliche oder juristische Person ausreichend, welche das Kapital in das Unternehmen einbringt. Eine Gewinnausschüttung kann bei einer GmbH von der Gesellschafterversammlung grundsätzlich beschlossen werden, widerspricht aber den Grundsätzen der Gemeinnützigkeit und ist daher bei gemeinnützigen Sozialunternehmen nicht üblich. Eine Beteiligungsfinanzierung im laufenden Betrieb, beispielsweise zur Kapitalbeschaffung für eine Neuanschaffung, ist durchführbar durch eine zusätzliche Einlage eines bestehenden Gesellschafters oder die Neuaufnahme eines oder mehreren Gesellschaftern. Dies ist aber nur mit Zustimmung aller bestehenden Gesellschafter möglich und verbunden mit einer Änderung des Gesellschaftervertrags, was einen erheblichen Aufwand darstellt. In der Sozialwirtschaft wurden in den vergangenen Jahren zunehmend GmbHs gegründet. Welchen Einfluss der Finanzierungsgedanke für die Wahl der Gesellschaftsform hat, soll im kommenden Abschnitt erläutert werden.

1.3.2.2.4 Anlässe für die Beteiligungsfinanzierung

Frage: Welche Anlässe führen zu einer Beteiligungsfinanzierung?

In der Theorie wird eine Vielzahl von Anlässen für eine Beteiligungsfinanzierung genannt, welche auch als Sonderfälle der Beteiligungsfinanzierung bezeichnet werden (vgl. Olfert/Reichel (2008), S. 233).

Anlässe der Beteiligungsfinanzierung					
Gründung	Kapitalerhöhung	Kapitalherabsetzung	Umwandlung	Fusion	Liquidation

Abb. 23: Anlässe der Beteiligungsfinanzierung

Da in der Sozialwirtschaft eine klassische Beteiligungsfinanzierung nur bei Gesellschaften des bürgerlichen Rechts und Gesellschaften mit beschränkter Haftung relevant sind, sollen die Anlässe insbesondere für diese beiden Rechtsformen betrachtet werden.

Bei der **Gründung** wird ein neues Unternehmen ins Leben gerufen. Eine Gesellschaft bürgerlichen Rechts entsteht durch den Abschluss eines Gesellschaftervertrags für den keine speziellen Formvorschriften bestehen. Eine Gesellschaft mit beschränkter Haftung kann von einem oder von mehreren Gesellschaftern gegründet werden. Das Rechtsgeschäft erfordert einen Gesellschaftervertrag (Satzung), welcher notariell beurkundet werden muss. Die Gründung einer GmbH, als Nachfolgegesellschaft für einen Verein, kann aus unterschiedlichen Interessen heraus erfolgen.

Gründe für Gründung einer GmbH in der Sozialwirtschaft	
Konzentration auf das Kerngeschäft und Angebotsverringerung	Der Verein möchte Geschäftstätigkeiten vom Hauptgeschäft abtrennen, um sich auf die Aufgaben der Satzung zu konzentrieren
Angebotserweiterung	Der Verein möchten ein Angebot anbieten, welche in die bisherige Rechtsform nicht integriert werden kann oder soll
Verselbständigung	Der Verein möchte Geschäftstätigkeiten verselbständigen.
Gemeinnützigkeit	Der Verein möchte ein Angebot ausgliedern, um die Gemeinnützigkeit nicht zu gefährden, da der wirtschaftliche Geschäftsbetrieb nicht überwiegen darf.
Umsatzsteuerliche Organschaft	Der Verein möchte ein Angebot in Form einer Tochter-GmbH gründen, um für die Leistungen zwischen Mutter- und Tochterunternehmen von der Umsatzsteuer befreit zu sein.
Vermeidung von Haftungsrisiken	Der Verein möchte ein Angebot ausgliedern, um in diesem Geschäftsbereich die Haftung auf die Höhe des Kapitals zu beschränken.
Corporate Governance	Durch die GmbH und die neue Rechtsform soll die Trennung zwischen Leitung und Aufsicht verbessert werden.

Weiche Faktoren	Durch die GmbH soll eine Know-How-Gewinnung und eine Imageverbesserung erreicht werden. Die Zuweisung von Verantwortung an eine Geschäftsführung und die Betonung der Kaufmannseigenschaft soll die Seriosität des Geschäftsbereichs erhöht.
Reduzierung der Lohnkosten	Der Verein möchte ein Angebot ausgliedern, um tarifliche Lohnvorgaben zu umgehen.
Kapitalmarktfähigkeit, Kreditfähigkeit und Kreditwürdigkeit	Durch die Gründung der GmbH soll ein Geschäftsbereich mit Stammkapital versorgt und darüber der Zugang zu Fremdfinanzierungsmittel erleichtert werden.

Abb. 24: Gründe für die Gründung einer GmbH

Die Auflistung zeigt, dass der Finanzierungsgedanke bei Sozialunternehmen für die Gründung einer GmbH nur selten ausschlaggebend ist.

„Als **Kapitalerhöhung** wird die externe Zuführung von Eigenkapital in ein bestehendes Unternehmen und die Veränderung der Struktur des Eigenkapitals bei Kapitalgesellschaften zu Gunsten des gezeichneten Kapitals verstanden" (Olfert/Reichel (2008), S. 239). Bei der Gesellschaft bürgerlichen Rechts und bei der Gesellschaft mit beschränkter Haftung wird eine Kapitalerhöhung vorgenommen, wenn die vorhandenen Gesellschafter ihre Geschäftsanteile erhöhen oder neue Gesellschafter in die Gesellschaft eintreten. Als Gründe für eine Kapitalerhöhung nennen Olfert und Reichel die Verbesserung der Liquiditätssituation, die Erweiterung der Kapazitäten, Maßnahmen der Rationalisierung und der Umschuldung, Umwandlung der Rücklagen und personalpolitische Erwägungen. Diese Gründe können auch bei Sozialunternehmen zu einer Erhöhung der Beteiligung der Gesellschafter führen.

Eine **Kapitalherabsetzung** ist die Verminderung des Eigenkapitals eines Unternehmens. Dies kann geschehen durch Entnahmen von Gesellschaftern oder das Ausscheiden von Gesellschaftern. Ein Grund dafür kann die Verminderung des Kapitalbedarfs zur Sanierung der Gesellschaft sein (vgl. Olfert/Reichel (2008), S. 251). Bei der Gesellschaft bürgerlichen Rechts gibt es keine gesetzlichen Regelungen für die Entnahme von Kapital durch die Gesellschafter. Die Kapitalherabsetzung ergibt sich aber auf jeden Fall beim Ausscheiden von Gesellschaftern aus der Gesellschaft des bürgerlichen Rechts. Dabei ist eine Bewertung des Kapitalanteils vorzunehmen, welche bestehen kann aus dem bilanzierten Geschäftsanteil, dem Anteil der bilanzierten Rücklagen, einem Anteil der stillen Reserven, einem Anteil am Firmenwert und einem Anteil an noch schwebenden Geschäften. Bei der Gesellschaft mit beschränkter Haftung gelten für die Kapitalherabsetzung gesetzliche Regelungen, die dem Gläubigerschutz dienen sollen, da die Herabsetzung eine Verminderung des Haftungsumfangs bedeuten.

Die **Umwandlung** ist im Umwandlungsgesetz beziehungsweise im Umwandlungssteuergesetz geregelt und kann durch Verschmelzung, Spaltung (Ausgliederung), Vermögensübertragung oder Formwechsel geschehen. Unterschieden werden Umwandlungen mit Liquidation und Umwandlungen ohne Liquidation. Die Beweggründe für eine Umwandlung sind ähnlich wie die Auslöser für die Gründung.

Ein Verein hat folgende Möglichkeiten der Umwandlung:

1. Verschmelzung mehrere Vereine in einer GmbH
2. Auf- oder Abspaltung beziehungsweise Ausgliederung eines Geschäftsbereichs in eine GmbH
3. Formwechsel von Verein in GmbH
4. Vermögensübertragung auf eine GmbH

Eine Stiftung muss als solche bestehen bleiben. Aus diesem Grund ist rechtlich nur die Abspaltung eines Geschäftsbereichs der Stiftung auf eine GmbH möglich.

Die **Fusion** besteht in der Verschmelzung zweier oder mehrere Unternehmen nach dem Umwandlungsgesetz und kann mit Liquidation und Neugründung oder durch Aufnahme eines Unternehmens beziehungsweise Verschmelzung und Neubildung ohne Liquidation stattfinden. Die Gründe für eine Fusion von Sozialunternehmen bestehen in der Regel in der Hoffnung auf die Nutzung von Synergieeffekten oder der Erhöhung des Marktanteils.

Die an einer Fusion beteiligten Unternehmen können in unterschiedlicher Beziehung zueinander stehen:

1. Horizontale Fusion: Die beteiligten Unternehmen gehören dem gleichen Wirtschaftszweig und der gleichen Wirtschaftsstufe an.
2. Vertikale Fusion: Unternehmen aus vor- oder nachgelagerten Unternehmen schließen sich zusammen.
3. Laterale Fusion: Die beteiligten Unternehmen stammen aus unterschiedlichen Wirtschaftszweigen und oder verschiedenen Leistungsstufen.

Eine **Verschmelzung** kann bei Sozialunternehmen in folgenden Kombinationen stattfinden:

Möglichkeiten der Verschmelzung					
Verein	+	Verein	=	Verein
Verein	+	Verein	=	GmbH
GmbH	+	GmbH	=	GmbH
Stiftung	+	Stiftung	=	Stiftung

Abb. 25: Möglichkeiten der Verschmelzung

Bei der **Liquidation** wird das Unternehmen freiwillig oder zwangsweise aufgelöst. Die Beteiligungsfinanzierung der Gesellschafter wird dem Unternehmen entnommen.

1.3.3 Finanzierung von Sozialunternehmen von Innen

Frage: Wie funktioniert Innenfinanzierung bei Sozialunternehmen?

Unter Innenfinanzierung versteht man die Finanzierung des Unternehmens von innen. Sie ist eine Finanzierung durch die Einbehaltung (Thesaurierung) von Gewinnen. Sie geschieht ferner durch die Refinanzierungsfunktion der Abschreibungen und kann über Rückstellungsbildung vorgenommen werden. Diese Art der Finanzierung geschieht über den Umsatzprozess der Organisation. Eine wichtige ergänzende Kennzahl für die Innenfinanzierung ist der Cashflow (siehe Kapitel 1.2.2.2). Nur wenn dieser positiv ist, ist auch die Innenfinanzierung wirksam, da sonst keine „liquiden Mittel" auf der Aktivseite der Bilanz zur Verfügung stehen.

1.3.3.1 Finanzierung aus Umsatzerlöse

Frage: Wie geschieht eine Finanzierung aus Umsatzerlösen?

Bei der Finanzierung aus Gewinnen müssen diese zunächst über den Umsatzprozess entstehen. Ohne Gewinne kann es eine solche Finanzierung nicht geben. Auch im Nonprofit-Bereich ist es mittlerweile üblich, Gewinne einzuplanen, um Investitionskapital zur Verfügung zu haben. Bei der Gewinnthesaurierung haben die Rücklagen eine große Bedeutung, da sie Eigenkapital darstellen. Sie können in Kapitalrücklagen und Gewinnrücklagen eingeteilt werden. Daneben ist eine Finanzierung über Abschreibungen und Rückstellungen möglich.

1.3.3.1.1 Kapitalrücklagen

Frage: Was sind Kapitalrücklagen?

Für Kapitalgesellschaften gelten bei der Bildung von Kapitalrücklagen die Vorschriften des § 272 Abs. 2 Handelsgesetzbuch. Diese Rücklagen können nur von Gesellschaftern der Kapitalgesellschaft eingebracht werden. Die Pflegebuchführungsverordnung (PBV) bestimmt, dass Vereine, Stiftungen und Einrichtungen ohne eigene Rechtspersönlichkeit gemäß § 5 Abs. 2 sonstige Einlagen des Rechtsträgers als Kapitalrücklagen ausweisen können, da Vereine keinen Rechtsträger sondern Mitglieder haben. Leisten diese Mitglieder Zahlungen an den Verein, so sind diese als Ertrag zu verbuchen und im Rahmen der Ergebnisverwendung den Gewinnrücklagen zuzuführen. „Stiftungen haben ebenfalls keinen Rechtsträger. Zustiftungen sind dem Stiftungskapital gutzuschreiben. Zuweisungen des Trägers bei Einrichtungen ohne eigene Rechtspersönlichkeit, wobei hierunter insbesondere solche Zuweisungen fallen, die den Pflegeeinrichtungen von ihren Trägern nicht auf Dauer zur Verfügung gestellt wurden, sind als Kapitalrücklage auszuweisen, sofern sie nicht Verbindlichkeiten darstellen" (Diakonisches Werk Württemberg (2003), S. 34).

1.3.3.1.2 Gewinnrücklagen

Gewinnrücklagen sind Beträge, die im abgeschlossenen oder in einem früheren Geschäftsjahr einen Gewinn darstellten und jetzt als Gewinnrücklagen ausgewiesen werden (vgl. § 272 Abs. 3 Handelsgesetzbuch).

Zu den Gewinnrücklagen zählen die

- Betriebsmittelrücklage bzw. satzungsgemäße Rücklage,
- zweckgebundene Rücklagen bzw. Projektrücklagen und die
- freie Rücklagen.

Frage: Was sind Betriebsmittel- bzw. satzungsgemäße Rücklagen?

Der Anwendungserlass zur Abgabenordnung (AEAO) bestimmt, dass die Betriebsmittelrücklage beziehungsweise satzungsgemäße Rücklage zu den zweckgebundenen Rücklagen gehört. Sie wird für periodisch wiederkehrende Ausgaben wie zum Beispiel Löhne, Gehälter oder Mieten in Höhe des Mittelbedarfs für eine angemessene Zeitperiode gebildet. Ihre Angemessenheit orientiert sich an der überwiegenden Finanzierung des Unternehmens. Dies bedeutet, dass regelfinanzierte Unternehmen weniger Schwankungen in den Leistungsentgelten zu erwarten haben als beispielsweise spendenfinanzierte Unternehmen. Die Betriebsmittelrücklage sollte den drei- bis fünffachen monatlichen Betriebsaufwand abdecken. Bei spenden- und zuschussfinanzierten Unternehmen ist der Wert eher höher anzusetzen.

Frage: Was sind zweckgebundene Rücklagen bzw. Projektrücklagen?

Weitere zweckgebundene Rücklagen beziehungsweise Projektrücklagen müssen den Bestimmungen der Abgabenordung (AO) entsprechen, um mit der Gemeinnützigkeit vereinbar zu sein. § 58 Nr. 6 AO sagt aus, dass Rücklagen dann unschädlich sind, wenn sie erforderlich sind, um die steuerbegünstigten satzungsmäßigen Zwecke der Körperschaft nachhaltig erfüllen zu können. Hierbei ist Voraussetzung, dass ohne diese Rücklagenbildung die steuerbegünstigten satzungsmäßigen Zwecke nachhaltig nicht erfüllt werden können. Das Bestreben die Leistungsfähigkeit der Körperschaft zu erhalten, reicht grundsätzlich für eine steuerlich unschädliche Rücklagenbildung nach der Abgabenordnung nicht aus. Die Mittel müssen für bestimmte Vorhaben angesammelt werden, für deren Durchführung bereits konkrete Zeitvorstellungen bestehen. Falls noch keine konkrete Zeitvorstellung besteht, ist eine Rücklagenbildung zulässig, wenn die Durchführung des Vorhabens glaubhaft und bei den finanziellen Verhältnissen der steuerbegünstigten Körperschaft in einem angemessenen Zeitraum möglich ist.

Sofern eine Rücklage zur Finanzierung von Aufwand gebildet wurde, ist sie bei Zweckerfüllung aufzulösen. Innerhalb der zweckgebundenen Rücklagen empfiehlt sich eine Untergliederung nach Zweckbestimmung (zum Beispiel Rücklage für Wohnheimneubau, Rücklage für Grundstückskauf oder Rücklage für Instandhaltung). Für jede Rücklage müssen Bildung, Zuführungen und Verwendung nachgewiesen werden können. Die Rücklagen sind aufzulösen beziehungsweise umzubuchen, sobald die Maßnahme realisiert ist, für die die Rücklage gebildet wurde. Die Rücklagen sind ebenfalls dann aufzulösen, falls der verfolgte Zweck nicht in einem angemessenen Zeitraum realisiert werden kann oder ganz aufgegeben wurde (vgl. Diakonisches Werk Württemberg (2003), S. 35).

Das folgende Formblatt stellt eine Möglichkeit dar, die Bildung der zweckgebundenen Rücklage zu standardisieren:

Rücklagenzuführungsbeleg Projektbeschreibung	
Kostenstellen- Nummer	*Siehe Kostenstellenplan*
Kostenstellen – Name	*Siehe Kostenstellenplan*
Bereichsrücklagenkonto	*Bei neuem Projekt bitte neuen Namen angeben, wir legen dann ein neues Konto an*
Projektbeschreibung	*Ziel des Projekts, Konkrete Zielinhalte, Schritte, Anfang und Ende*
Zuführungsbetrag	*Geben Sie hier bitte den Euro- Betrag an in der Regel sollten dieser mit den benötigten Mittel übereinstimmen*
Budgetverantwortliche	_____ Unterschrift und Datum
Genehmigung der Geschäftsführung	_____ Unterschrift und Datum
Buchung ggf. Neuanlage des Kontos	_____ Unterschrift und Datum

Abb. 26: Rücklagenzuführungsbeleg
in Anlehnung an Bachert (2005), Seite 187

Es empfiehlt sich, die Vorgehensweise und Bedingungen für die Rücklagenbildung im Unternehmen schriftlich, beispielsweise im Qualitätsmanagementhandbuch unter einer eigenen Rubrik, festzuhalten. Dabei sollte definiert werden, wann der Budgetverantwortliche in welcher Höhe aus dem Überschuss Rücklagen bilden darf.

Für die Bildung von Gewinnrücklagen gelten in der Praxis zwei Regeln:

1. Ohne Überschuss keine Rücklagenbildung und

2. Rücklagen werden nicht von etwas gebildet, sondern für etwas.

Frage: Was sind freie Rücklagen?

Die **freie Rücklage** aus der Vermögensverwaltung darf nach § 58 Nummer 7 der Abgabenordnung gebildet werden. Dafür braucht weder ein konkreter Zweck benannt werden, noch muss eine konkrete Zeitvorstellung für die Durchführung beziehungsweise Verwendung bestehen. Der Rücklage darf ein Drittel des Überschusses der Einnahmen über die „Unkosten" aus Vermögensverwaltung zugeführt werden. „Unkosten" sind dabei die Aufwendungen, die die Körperschaft, wäre sie steuerpflichtig, nach § 8 Abs. 1 Körperschaftssteuergesetz als Werbungskosten ansetzen könnte. Zur Ermittlung des Überschusses empfiehlt sich die Anlage einer gesonderten Kostenstelle.

Der Bereich Vermögensverwaltung umfasst unter anderem:

- Einkünfte aus Kapitalvermögen

- Einkünfte aus Vermietung und Verpachtung

Einkünfte ergeben sich aus den Einnahmen abzüglich der Werbungskosten. Dabei können sich natürlich auch Verluste ergeben. Aus dem positiven Ergebnis der Vermögensverwaltung darf bis zu einem Drittel in die Rücklage eingestellt werden. Darüber hinaus dürfen aus den sonstigen Überschüssen bis zu 10% ebenfalls der freien Rücklage zugeführt werden. Sofern in einem Jahr nicht der mögliche Höchstbetrag zugeführt wurde, ist eine Nachholung in späteren Jahren nicht zulässig. Zuwendungen von Todes wegen (Erbschaften, Vermächtnisse) können dieser Rücklage direkt in voller Höhe zugeführt werden. Zur Bewertung der zugewandten Vermögensgegenstände wird auf die Aktivseite verwiesen.

Frage: Welche Regeln gibt es für die Rücklagenbildung in der Praxis?

Abschließend kann zu den Rücklagen angeführt werden, dass sie einen wesentlichen Beitrag der Innenfinanzierung liefern. Soziale Unternehmen sollten unbedingt darauf achten, dass

- Rücklagen nach den Grundsätzen der ordentlichen Buchführung gebildet werden (Beleg, Rücklagenzuführungsbeleg und Fließtext) und

- die Rücklagenbildung erst möglich wird durch Gewinne, die entsprechend geplant und realisiert sowie thesauriert werden müssen.

1.3.3.1.3 Abschreibungen

Die Abschreibung ist eine „Methode zur Ermittlung des Betrags, der bei Gegenständen des Anlagevermögens, die im Laufe der Nutzungsdauer durch Nutzung eingetretene Wertminderungen an den einzelnen Vermögensgegenständen erfassen soll und der dementsprechend in der Gewinn- und Verlustrechnung als Aufwand (bzw. in der Kostenrechnung als Kosten) angesetzt wird" (Gabler (2000), S. 29).

Demnach liegt eine Verteilung der Anschaffungs- oder Herstellungskosten von Wirtschaftsgütern auf die betriebsgewöhnliche Nutzungsdauer vor. Sie kann unterteilt werden in:

- Planmäßige Abschreibungen für Abnutzung durch Gebrauch oder technisches Veralten.

- Außerplanmäßige Abschreibungen zum Beispiel bei vorzeitigem technischem Veralten, Zerstörung durch höhere Gewalt oder Nutzungsänderung.

Bei der **planmäßigen Abschreibung** werden die Anschaffungskosten der Anlagegüter durch die Abschreibung auf die Jahre der Nutzung verteilt. Die Abschreibungen wiederum mindern als Aufwand den Gewinn eines Unternehmens (vgl. Schmolke/Deitermann (2002), S. 54). Um überhöhte Gewinnminderungen auszuschließen, gibt der Gesetzgeber die Lebensdauer oder auch betriebsgewöhnliche Nutzungsdauern von Anlagegütern in den so genannten AfA – Tabellen vor. Sie enthalten die betriebsgewöhnliche Nutzungsdauer der entsprechenden Anlagegüter. Für jede Branche gibt es spezielle AfA-Tabellen.

Die Abschreibung erfüllt aus finanzwirtschaftlicher Sicht zwei wichtige Funktionen. Sie weist zum einen den Werteverzehr der Anlagegüter aus und stellt zum anderen die Refinanzierung des Anlagegutes in der Höhe der Anschaffungskosten sicher.

Frage: Wie funktioniert die Refinanzierung über Abschreibungen?

Vor allem die **Refinanzierungsfunktion** der Abschreibung ist für das Thema Finanzierung wichtig. Dadurch wird erreicht, dass nach der vollständigen Abschreibung des Anlageguts eine Neuanschaffung in der Höhe des abgeschriebenen Betrags (Anschaffungskosten) möglich ist, wenn während der Nutzungszeit keine Defizite auftraten und das Vermögen auf der Aktivseite der Bilanz in liquiden Mitteln angespart wurde.

Bei der **linearen Abschreibung** wird das Anlagengut mit gleich bleibenden Beträgen von den Anschaffungs- oder Herstellungskosten abgeschrieben. Die Höhe der Abschreibungssätze hängt von der betriebsgewöhnlichen Nutzungsdauer des Wirtschaftsguts ab. „Bei unbeweglichen Wirtschaftsgütern, die im Laufe eines Jahres angeschafft oder hergestellt werden, kann für das Jahr der Anschaffung oder Herstellung grundsätzlich nur der Teil der auf ein Jahr entfallenden Abschreibung abgesetzt werden, der dem Zeitraum zwischen der Anschaffung oder Herstellung des Wirtschaftsguts und dem Ende des Jahrs entspricht. Das gilt sinngemäß beim Ausscheiden eines abnutzbaren Wirtschaftsguts im Laufe eines Jahres (so genannte „Pro–rata–temporis–Regelung")" (Diakonisches Werk Württemberg (2003), S. 8).

Das folgende Schaubild verdeutlicht die Zusammenhänge zwischen Restbuchwert, Nutzungsdauer und Höhe der Abschreibungsbeträge bei der linearen Abschreibung.

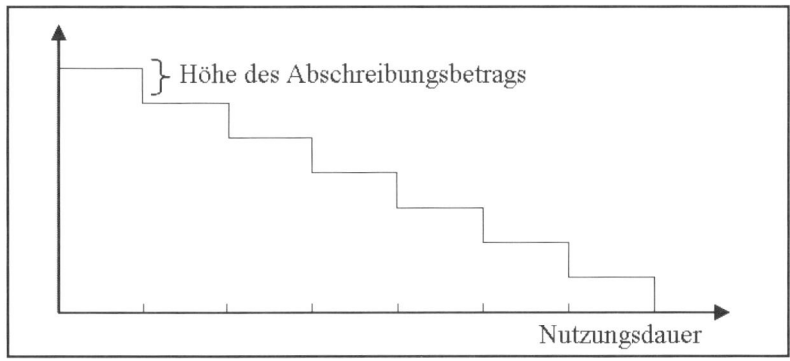

Abb. 27: Lineare Abschreibung

Der entsprechende Abschreibungsbetrag der jeweiligen Anlagegüter wird in der Kalkulation der Entgelte berücksichtigt und verhandelt. Bei entsprechendem Ergebnis fließt der berechnete Abschreibungsbetrag über die Entgelterlöse als liquide Geldmittel zurück in die Organisation. Diese Mittel stehen für neue Anschaffungen im Investitionsbereich zur Verfügung. Die Einrichtung finanziert durch diese Abschreibungsrückflüsse ihre Anlagegüter. Dieser Kreislauf aus Abschreibungen in der Gewinn- und Verlustrechnung, der Verminderung des Anlagevermögens auf der Aktivseite der Bilanz und des Rückflusses über die Entgelterlöse oder Umsatzerlöse in der Gewinn- und Verlustrechnung sowie der liquiden Mittel auf der Bank als Aktivkonto nennt man Abschreibungskreislauf (vgl. Schmolke/Deitermann (2002), S. 54).

Es gibt kleinere und mittlere soziale Unternehmen, die eine Mischung aus einer kameralistischen Buchführung ohne Abschreibungserfassung und einer doppelten Buchführung anwenden. Sie erstellen dann eine Ausgaben-Einnahmenrechnung ohne die Buchung der Abschreibungen und die Anlagegüter werden in der Bilanz nicht erfasst. Durch diese Form der Buchführung kann die Refinanzierungsfunktion der doppelten Buchführung nicht genutzt werden. Es fehlt dann die Darstellung des Werteverzehrs der Anlagegüter und die Erfassung des Abschreibungsbetrages für die Gewinn- und Verlustrechnung. Es wird daher empfohlen auf jeden Fall auch bei der kameralistischen Buchführung die Abschreibungen zu erfassen. Neuere Ansätze der kameralistischen Buchführung integrieren bereits die Abschreibungs- und Anlagegütererfassung in ihre Systematik (vgl. Bachert (2005), S. 128).

1.3.3.1.4 Rückstellungen

Frage: Wie unterscheiden sich Rückstellungen von Rücklagen?

Rücklagen und Rückstellungen sind zwei Positionen der Bilanz, die ähnlich klingen, jedoch eine gänzlich unterschiedliche Bedeutung haben. So stellen Rücklagen einen wesentlichen Bestandteil des Eigenkapitals dar. Rückstellungen dagegen sind beim Fremdkapital in der Bilanz verortet. Grundsätzlich dürfen Rücklagen nur gebildet werden, wenn die Organisation einen Gewinn hat und stellen damit die Verwendung des Gewinnes dar. Für die Rückstellungsbildung gibt es in bestimmten Fällen eine Verpflichtung, die unabhängig von der finanziellen Situation des Unternehmens erfüllt werden muss.

Das folgende Schaubild verdeutlicht die Bildung der Rücklage und Rückstellung in der Gewinn- und Verlustrechnung und deren Verortung in der Bilanz:

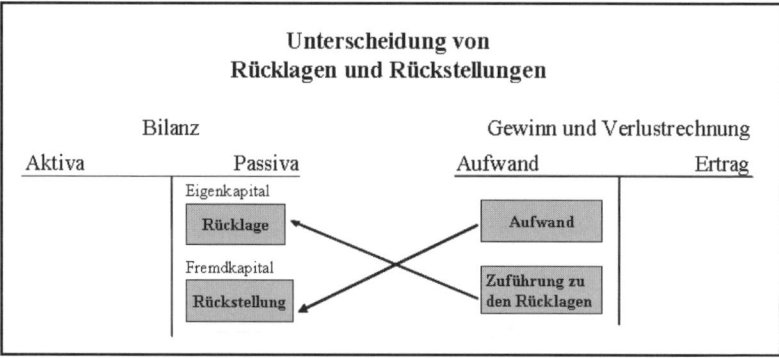

Abb. 28: Unterscheidung Rücklage und Rückstellung
in Anlehnung an Bachert (2005), S. 183

Rückstellungen gehören zum Fremdkapital und werden auf der Passivseite der Bilanz ausgewiesen. Sie sind Verbindlichkeiten, welche in der Zukunft bezahlt werden müssen. Im Berichtsjahr stellen Sie einen Aufwand in der Gewinn- und Verlustrechnung dar.

Frage: Wie funktioniert die Buchung einer Rückstellung?

Das folgende Beispiel verdeutlicht die buchungstechnische Behandlung der Rückstellung und die Verortung in der Bilanz und Gewinn- und Verlustrechnung.

Gemäß § 249 Handelsgesetzbuch muss eine Instandhaltungsrückstellung gebildet werden, wenn die Reparaturmaßnahme innerhalb von drei Monate des Folgejahres nachgeholt wird. Dies ist der Fall, wenn beispielsweise ein Sturm auf dem Dach der Einrichtung einen kleineren Schaden verursacht hat, aber die Einrichtung es unterlassen hat, die nach einem Sturm gebrochenen Dachziegel auszuwechseln. Der Dachdecker reicht ein Angebot über 1.000,- Euro am 23. Dezember 2009 ein und verspricht am 05. Januar 2010 die Arbeiten auszuführen.

a) Der Buchungssatz lautet am 23.12.2009:

Instandhaltungsaufwand	an	Rückstellungen	Euro 1.000

b) Der Buchungssatz stellt sich grafisch sich wie folgt dar:

Passivkonto Rückstellung		Aufwandskonto Instandhaltung	
Soll	Haben	Soll	Haben
	1.000	1.000	

Durch diese Buchung wird die Position Fremdkapital in Form der Rückstellungen erhöht. Der Aufwand wird ebenso erhöht, da dies eine unterlassene Instandhaltung ist, die in das aktuelle Jahr gehört. Liquiditätsmittel sind für diesen Vorgang nicht abgeflossen. Allerdings ist jetzt schon klar, dass die Reparatur durchgeführt werden muss, da sonst größere Schäden drohen. Insofern könnten im Sinne einer vorausschauenden Liquiditätsplanung die benötigten liquiden Mittel für Anfang Januar auf dem Bankkonto bereitgestellt werden.

a) Der Buchungssatz nach dem 05.01.2010, wenn die Rechnung in Höhe von 1.000.- Euro eingegangen ist und bezahlt wird, lautet:

Bank	an	Rückstellungen	Euro 1.000

b) Der Buchungssatz stellt sich grafisch sich wie folgt dar:

Aktivkonto Bank		Passivkonto Rückstellungen	
Soll	Haben	Soll	Haben
	1.000	1.000	SV 1.000

Durch diese Buchung im Jahr 2010 wird lediglich der Rückstellungsbetrag in Höhe von 1.000.- ausgebucht. Das heißt, dass das Fremdkapital in Form der Rückstellungen genau um den Betrag abnimmt, welcher im Vorjahr veranschlagt wurde. Im Gegenzug nehmen jetzt die liquiden Mittel der Organisation auf dem Bankkonto um 1.000.- Euro ab. Dieser Vorgang betrifft lediglich die Bilanz und nicht die Gewinn- und Verlustrechnung (vgl. Bachert (2005), S. 192).

Die obigen Buchungen zeigen, dass die Rückstellung dazu dient, Liquidität, die sicher oder wahrscheinlich in der folgenden Periode abfliesen wird, rückzustellen. Damit ist die Rückstellung eine Methode der Innenfinanzierung. Sie speichert sozusagen das Geld, auf der Passivseite der Bilanz als Fremdkapital und indirekt auf der Aktivseite als Vermögen.

1.3.3.2 Finanzierung aus sonstigen Kapitalfreisetzungen

Frage: Was versteht man unter Kapitalfreisetzungen?

Kapitalfreisetzungen entstehen zum Beispiel durch Rationalisierungsmaßnahmen oder Vermögensumschichtungen. Bei der Rationalisierung wird durch eine Verringerung des Kapitaleinsatzes bei gleichem Produktions- und Umsatzvolumen eine Freisetzung finanzieller Mittel erreicht. Bei der Vermögensumschichtung werden materielle oder immaterielle Vermögenswerte in eine liquide Form überführt. Das bedeutet zum Beispiel, dass Wertpapiere verkauf werden (vgl. Olfert/Reichel (2008), S. 401f).

Bei Sozialunternehmen muss beachtet werden, dass bei der Rationalisierung teilweise enge Grenzen gesetzt sind. So ist es vertraglich, zum Beispiel auf Grund von Landesrahmenverträgen zu den Bestimmungen der Sozialgesetzbücher, nicht möglich bei vorgeschriebenen Personalschlüsseln das Personal abzusenken. Das soziale Unternehmen würde sich rechtsmissbräuchlich verhalten und dem Wohl der anvertrauten Menschen schaden.

1.4 Praxisbeispiel: Finanzplanung der Einrichtung Carikonie

(vgl. dazu Bachert/Peters/Speckert (2008), S. 30ff)

Der folgende Träger einer sozialen Einrichtung, mit dem Namen „Carikonie", ist im Bereich der stationären Altenpflege aktiv und hat seit 5 Jahren keine Pflegesätze mehr verhandelt. Die Steigerungen der Kosten (Bruttopersonal- und Sachkosten) schlugen sich als negatives Ergebnis der Gewinn- und Verlustrechnung über mehrere Jahre hinweg eigenkapitalmindernd nieder.

1. Aktuelle Situation

Die Bilanz des Trägers weist zum Stichtag 31.12.2008 folgende Daten aus:

Bilanz zum 31.12. 2008 Haus Carikonie			
Aktiva		Passiva	
Anlagevermögen	10.480.275 €	Eigenkapital	478.654 €
Umlaufvermögen	322.300 €	Sonderposten	2.652.970 €
Rechnungsabgrenzungsposten	56.645 €	Rückstellungen	2.360.700 €
		Verbindlichkeiten	5.366.896 €
Summe Aktiva	**10.859.220 €**	Summe Passiva	**10.859.220 €**

Abb. 29: Beispiel Bilanz zum 31.12.2008, Carikonie

Damit ist im Jahr 2008 der Punkt erreicht, an welchem ersichtlich wird, dass sich etwas ändern muss. Die Einrichtung hat noch ein Eigenkapital über 478.654.-- Euro. Damit im Jahr 2009 kein Verlust erwirtschaftet wird, ist bei dem errechneten Kostenvolumen und unveränderten Personalkapazitäten, eine Erlössteigerung in Höhe von 684.004,63 € notwendig. Durch diese Mehreinnahmen soll ein weiterer Eigenkapitalverzehr verhindert werden. Die Pflegesatzverhandlung im Jahr 2009 erbrachte eine Steigerung der Entgelte ohne Investitionskostensätze um 3,6 % und damit eine Erlössteigerung um 240.004,63 €. Es zeichnet sich dadurch ein Problem im Bereich Finanzen und Ressourcen ab. Der Träger prognostiziert, aufgrund der unzureichenden Erlössteigerung in der Pflegesatzverhandlung und der fehlenden Reaktion auf die zu hohen Kosten, auch dieses Jahr einen Verlust in Höhe von 444.000 €.

Das tatsächliche Ergebnis zum Ende des Jahres 2009 fällt leicht schlechter aus als erwartet. Der Bilanzverlust aus der Gewinn- und Verlustrechnung beträgt 482.341 €. Dieser, etwas höhere als erwartete, Verlust ist zum einen darauf zurückzuführen, dass zur Anschaffung einer betriebsnotwendigen Investition, für die in der Vergangenheit keine Rücklagen gebildet wurden, ein Kredit in Höhe von 20.000 € aufgenommen wurde. Mit der Erhöhung des Fremdkapitals auf 5.386.896 € sind Zinszahlungen verbunden, welche das operative Ergebnis der Gewinn- und Verlustrechnung negativ beeinflussen. Ein weiterer Grund für den Bilanzverlust sind die Erhöhung der Rückstellungen aufgrund nicht genommenen Urlaubstage im Berichtsjahr und eines drohenden Rechtsstreites um 264.381 € auf 2.625.081 €. Das Anlagevermögen erhöhte sich zwar ebenso auf 10.498.321 €, das Umlaufvermögen jedoch verringerte sich durch Auszahlungen zum Jahresende, die über das Girokonto getätigt wurden, auf 92.345 €. Flüssige Mittel sind auf dem Girokonto nicht vorhanden, in der Kasse sind 5.000 € und Forderungen bestehen in Höhe von 10.000 €, so dass auch die Liquidität erheblich gesunken ist.

Die Bilanz des Trägers weist zum Stichtag 31.12.2009 folgende Struktur auf:

Bilanz zum 31.12. 2009 Haus Carikonie			
Aktiva		**Passiva**	
Anlagevermögen	10.498.321 €	Eigenkapital	0 €
Umlaufvermögen	92.345 €	Sonderposten	2.639.021 €
Rechnungsabgren-zungsposten	56.645 €	Rückstellungen	2.625.081 €
Nicht durch EK gedeckter Fehlbetrag	3.687 €	Verbindlichkeiten	5.386.896 €
Summe Aktiva	**10.650.998 €**	Summe Passiva	**10.650.998 €**

Abb. 30: Beispiel Bilanz zum 31.12.2009, Carikonie

Der Betriebsabrechnungsbogen des Trägers weist zum Stichtag 31.12.2009 folgende Zahlen mit einem Jahresfehlbetrag in Höhe von 482.341 € aus:

Betriebsabrechnungsbogen 31.12.2009	
1. Personal- und Sachkosten	
Personalkosten Leitung und Verwaltung	434.362,93 €

Personalkosten Pflegedienst	3.861.003,86 €
Personalkosten Betreuungsdienst	44.401,54 €
Personalkosten Hauswirtschaft und Küche	482.625,48 €
Personalkosten übrige Hauswirtschaft	386.100,39 €
Personalkosten Technischer Dienst	482.625,48 €
Sachkosten Lebensmittel	299.227,80 €
Sachkosten Wasser, Energie, Brennstoffe	222.007,72 €
Sachkosten Pflegebedarf	9.652,51 €
Sachkosten Wirtschaftsbedarf	148.648,65 €
Sachkosten bezogen Verwaltung	191.119,69 €
Sachkosten bezogen Reinigung	3.667,95 €
Sachkosten Soziale Betreuung	965,25 €
Sachkosten Steuern, Abgaben, Gebühren	73.359,07 €
Sachkosten Sonstige Aufwendungen	27.027,03 €
Summe Personal- und Sachkosten (ohne IK-Anteil)	**6.666.795,35 €**
2. Instandhaltungs- und Investitionskosten	
Abschreibungen (Gebäude und Zubehör)	314.949,63 €
Instandhaltung	295.706,10 €
Finanzierungskosten (Fremdkapital 5 %)	269.344,80 €
Summe Investitionskosten-Anteil	**880.000,53 €**
Gesamtkosten	**7.546.795,88 €**
3. Abrechenbare Vergütungen 2009	
Erlöse	7.064.454,88 €
4. Gewinn/Verlust	
Verlust aus Gesamtkosten und Vergütungen	482.341,00 €

Abb. 31: Beispiel Betriebsabrechnungsbogen, Carikonie

2. Finanzplan

Die Lage der Einrichtung „Carikonie" ist so ernst, dass sie sich nach einem finanzstarken Partner umsehen muss. Als Ziele für den Kooperations- beziehungsweise gegebenenfalls sogar Fusionsprozess werden formuliert:

a) Rettung der Einrichtung unter kirchlicher Trägerschaft

b) Möglichst Erhalt aller refinanzierbaren Stellen (unter Beachtung der Tarifbindung und der Leistungs- und Qualitätsvereinbarung)

Die Geschäftsführung erstellt einen Finanzplan bis ins Jahr 2013 der folgende Annahmen enthält:

▪ 1.000.000 Euro zusätzliche Liquidität (so genanntes „fresh-money") zum Ausgleich des Girokontos und zur Deckung der Verluste in der Restrukturierungsphase durch einen zu suchenden Investor oder Partner.

▪ Anpassung des Personals auf das durch die Leistungs- und Qualitätsvereinbarung refinanzierte Volumen. Einsparung in den nächsten drei Jahren jeweils 100.000.-- Euro bei den Personalkosten. In 2013 keine Veränderung gegenüber 2012, da dann das refinanzierte Niveau erreicht ist.

▪ Verhandlung der Pflegesätze in den Jahren 2010 und 2011 mit einer prognostizierten Steigerung um 2% (vereinfach jeweils 140 TEURO). Ab 2012 keine weiteren Veränderung geplant.

▪ Die Investitionskosten und Sachkosten werden als konstant hochgerechnet (vereinfacht).

Es ergibt sich folgender vereinfachter Finanzplan für die Jahre 2009 bis 2013:

Finanzplan Alle Angaben in Tausend Euro					
	2009	2010	2011	2012	2013
1. Personal- und Sachkosten					
Summe Personal- und Sachkosten	6.666	6.566	6.466	6.366	6.366
2. Instandhaltungs- und Investitionskosten					
Summe IK-Anteil	880	880	880	880	880
Gesamtkosten	7.546	7.446	7.346	7.346	7.346
3. Abrechenbare Vergütungen 2009					
	7.102	7.242	7.382	7.382	7.382
4. Gewinn/Verlust aus Gesamtkosten und abrechenbaren Vergütungen					
	-444	-204	36	36	36

Abb. 32: Beispiel Finanzplan, Carikonie

Mit diesem Finanzplan wird der Träger Verhandlungen mit anderen Partnern aufnehmen.

1.5 INTERAKTIVES GESPRÄCH ZUR KOSTEN- UND GEWINNVER-GLEICHSRECHNUNG

Aische Sander (Ökonomin und Controllerin) und Wilma Utzky (Ergotherapeutin und Diplom Pädagogin, Werkstattleiterin) treffen sich im Besprechungsraum einer Werkstatt für Menschen mit Behinderung am Rande der schwäbischen Alb, um die Anschaffung einer neuen Maschine für die Produktion von Kerzen zu diskutieren.

Wilma Utzky, wohnt in Ludwigsburg, ist 32 Jahre alt und arbeitet seit fünf Jahren in der WfMB (Werkstatt für Menschen mit Behinderung). Sie hat mit Zahlen nichts am Hut, ist sich aber bewusst, dass sie die Geschäftsführung nur überzeugen kann, wenn handfeste und belastbares Zahlmaterial vorgelegt werden kann. Aische Sander hat zu dem Gespräch selbst gemachte Marmelade und Brötchen mitgebracht.

Wilma Utzky: Hi Aische, das sieht ja lecker aus. Wir können ja nebenbei Frühstücken. Hier steht auch Kaffee, bedien dich einfach. Lass uns gleich mal an die geistige und rechnerische Arbeit gehen. Ich habe folgende Zahlen vorbereitet.

Wilma Utzky legt ein Stück Papier mit einigen wenigen Zahlen auf den Tisch.

Angebot I
Der Firma Leuchthell über Maschine zur „automatischen" Kerzenherstellung für 200.000.—Euro

Angebot II
Der Firma Biowachs über Maschine zur „semimanuellen" Kerzenherstellung für 200.000.—Euro

Aische Sander: Also Wilma, das sieht schon recht gut aus. Wir können mit entsprechender Ergänzung dieser Ausgangsdaten sicher zu einer aussagefähigen Kosten- oder auch Gewinnvergleichsrechnung gelangen. Wie sieht es den mit den Abschreibungszeiten dieser beiden Maschinen und den fixen und variablen Kosten aus?

Wilma Utzky überlegt und sagt: Keine Ahnung, vielleicht kannst Du mich dies noch mal mit einfachen Worten fragen oder erklären was Du meinst.

Aische Sander erwidert: Also gut, zur Ermittlung der jährlichen Kosten, die brauchen wir nämlich für die mir vorschwebende Kalkulation, benötigen wir eine Angabe über die Jahre der möglichen Verwendung der Maschine, also sozusagen der betriebsgewöhnlichen Nutzungsdauer. Die Frage heißt also: Wie lange kann die Maschine ab dem Zeitpunkt des Kaufs hier genutzt werden?

Wilma Utzky: Sag es doch gleich, das kann ich nicht sagen.

Aische Sander: Dann lass uns mal kurz ins Internet gehen und die so genannte steuerliche Absetzungs- für Abnutzungstabelle anschauen. Dort stehen nämlich viele Nutzungsdauern für unterschiedliche Anlagegüter.

Gesagt getan, beide schauen und sehen, dass Kerzenproduktionsmaschinen mit 10 Jahren angegeben sind (fiktiv gesetzt).

Aische Sander: Die 10 Jahre merken wir uns. Ich öffne mal mein Excel-kalkulationsprogramm in meinem Notebock und trage die Werte, die wir kennen und die du mir gleich noch nennst, schon mal ein. Ferner müsste ich wissen wie viele fixe Kosten, das heißt Kosten bei der Nutzung der Maschine anfallen, die auf eine Veränderung der Produktion nicht reagieren. Also Kosten die nicht ab- oder zunehmen, wenn ihr mehr oder weniger produziert. Und zusätzlich wie viele variable Kosten anfallen. Also Kosten die sich verändern, wenn ihr mehr oder weniger Kerzen produziert.

Wilma Utzky: Also gut, bei den fixen Kosten müsstet du dann sicher die Abschreibung eintragen. Diese müsste sich ja aus den Anschaffungskosten der Maschinen geteilt durch die Nutzungsdauer ergeben?

Aische Sander: Ja genau, alle Achtung gut aufgepasst. In meinem Kalkulationsprogramm sind dann weiter so genannte „Kalkulatorische Zinsen" vorgesehen. Das sind Zinsen die anfallen würden, wenn wir einen Kredit zur Finanzierung der Maschine bräuchten. Ich würde hier vorschlagen, dass wir 5.000 Euro einsetzen, was einer Verzinsung von 5% pro Jahr entspräche. Daneben kann es sein, dass wir in der Verwaltung Gehälter und Gemeinkostenanteile umlegen müssen für die ihr natürlich nichts könnt, die aber nötig sind damit die Organisation funktioniert zum Beispiel für das Controlling oder die Rechnungsstellung. Dafür setze ich 10.000.- Euro an.

Wilma Utzky: Das ist dann wie so eine Art „Umlage" der Gemeinkosten?

Aische Sander: Stimmt. Und daneben müssen wir für Versicherungen und Ähnliches leider auch noch 1000.- Euro ansetzen. Okay?

Aische Sander: Gut, machen wir mit den variablen Kosten weiter. Hier müssen wir unterscheiden zwischen Maschine I und II, da bei der einen Maschine vermutlich mehr manuelle Tätigkeiten gefordert sind als bei der anderen?

Wilma Utzky: Ja so ist es. Dadurch, dass Biowachs verwendet wird, sind die Lohn- und Materialkosten etwas höher als bei der anderen Maschine. Ich habe den Aufwand beziehungsweise die Arbeitszeiten für die Produktion von 100.000 Einheiten pro Jahr bei den Herstellern erfragt und dies mit unseren tariflichen Löhnen aus der Buchhaltung einmal ausgerechnet. Bei den Löhnen habe ich 90.000 Euro für Maschine I und für II 110.00 Euro berechnet und beim Material für I 190.000 Euro und 200.000 Euro für Maschine II.

Aische Sander staunt, trägt auch diese Werte ein und fragt: Gibt es sonstige variable Kosten zum Beispiel Strom, Wasser oder ähnliches und müssen wir hier unterschiedliche Beträge ansetzen?

Wilma Utzky: Ja, auf Grund der längeren Maschinenlaufzeit bei Maschine II müsste man hier rund 1.000 Euro mehr ansetzen. Die Buchhaltung hat auf meine Anfrage mitgeteilt, dass die sonstigen variablen Kosten wohl bei rund 15.000 Euro lägen.

Aische Sander: Gut dann ergibt sich folgende Auflistung in einer Kostenvergleichsrechnung (vgl. Olfert/Reichel (2008), S. 81).

	Maschine I Leuchthell Euro	Maschine II Biowachs Euro
Anschaffungskosten (Euro)	**200.000**	**200.000**
Kalkulatorische Abschreibung	20.000	20.000
Kalkulatorische Zinsen	5.000	5.000
Gehälter und Gemeinkosten	10.000	10.000
Sonstige fixe Kosten	1.000	1.000
Summe fixe Kosten	**36.000**	**36.000**
Löhne und Lohnnebenkosten	90.000	110.00
Materialkosten	190.000	200.00
Sonstige variable Kosten	15.000	16.000
Summe variable Kosten	**295.000**	**326.000**
Gesamte Kosten (Euro/Jahr)	**331.000**	**362.000**
Kostendifferenz aus I und II= 31.000 Euro		

Abb. 33: Beispiel Kostenvergleichsrechnung
in Anlehnung an Olfert/Reichert (2008), S. 81

Aische Sander: Diese Rechnung würde ich bei unserer Geschäftsführung
einreichen. Gut wäre sicherlich, wenn man einen Gewinnprognose abge-
ben und sagen könnte wie die Erlössituation sich bei beiden Maschinen
darstellt? Vor allem vor dem Hintergrund, dass die Kerzen, die wir mit
Maschine II produzieren sozusagen handgearbeitete Bioware wären, lägen
die Gewinne hier sicherlich höher.

Wilma Utzky: Gut dann machen wir dies doch gleich auch noch.

Aische Sander: OK, die Gewinnvergleichsrechnung stellt eine Erweiterung
der Kostenvergleichsrechnung dar, indem hier die Umsatzerlöse berücksichtigt werden. Wie sind denn die Erlös für die rund 10.000 Stück Kerzen.

Wilma Utzky: Wir können im Fall I sicherlich 3,34 Euro einnehmen pro Stück und bei Maschine zwei bestimmt 3,90 Euro. Bei 100.000 Stück ergibt das ja 334.000 Euro und 390.000 Euro.

Aische Sander: OK dann mache ich einmal so eine Gewinnvergleichsrechnung und trage diese Zahlen noch zusätzlich in eine Tabelle ein. Auf Grund der angenommenen Daten ergibt sich folgende Gewinnvergleichsrechnung:

	Maschine I Leuchthell Euro	Maschine II Biowachs Euro
Gesamte Kosten (Euro/Jahr)	331.000	362.000
Erlöse (Euro/Jahr)	334.000	390.000
= Gewinn (EuroJ/Jahr)	3.000	28.000
Ermittlung der Gewinndifferenz aus I und II = 25.000		

Abb. 34: Beispiel Gewinnvergleichsrechnung
in Anlehnung an Olfert/Reichel (2008), S. 83

Wilma Utzky: Hm, bei diesen Annahmen würden wir 25.000 Euro mehr Gewinn mit Maschine II gegenüber Maschine I machen.

Da bin ich mal gespannt, wie sich die Geschäftsführung entscheidet und ob wir eine der beiden Maschinen kaufen dürfen. Bis zum nächsten Mal und danke für die Hilfestellung und das Frühstück, die Marmelade konnte ich jetzt gar nicht richtig genießen.

KAPITEL 2

FINANZGEBER
UND -FORMEN

2.1 ÖFFENTLICHE FINANZGEBER

Öffentliche Finanzgeber	
Kapitelbezeichnung	**Zentrale Fragen dieses Kapitels**
Sozialleistungsträger	Welche Bestimmungen der Sozialgesetzgebung sind in den Bereichen sozialer Arbeit relevant?
	Was sind Leistungsentgelte? Welche Kosten werden in den Vergütungsbestandteilen berücksichtig und wie werden diese kalkuliert?
	Auf welche Weise wird das persönliche Budget gezahlt?
	Welches Leistungserbringungsrecht haben Sozialunternehmen nach dem SGB III?
	Wie unterscheiden sich institutionelle und Projektzuschüsse? Was ist eine Vollfinanzierung, Festbetrags-, Fehlbedarfs- und Anteilsfinanzierung? Wie gestalten sich Antragsverfahren, Bewilligung und Nachweispflicht? Was versteht man unter Subvention und Zuwendung?
Europäische Fonds	Was sind Strukturfonds? Welche Aktionsprogramme gibt es? Welche EU-Fonds gibt es vom Bundesamt für Migration und Flüchtlinge? Welche Bedeutung haben europäische Fonds für die Finanzierung von Sozialunternehmen?

Die Finanzierung durch die öffentliche Hand unterliegt einem stetigen Wandel. In der Regel hat das soziale Unternehmen keinen Rechtsanspruch auf eine Förderung. Die Gewährung von öffentlichen Mitteln hängt von den bestehenden Förderschwerpunkten ab. Nach dem Prinzip der Subsidiarität ist die Verantwortung für eine Aufgabe der jeweils kleinsten dafür geeigneten Einheit zu übertragen. „Im Rahmen der Sozialpolitik bedeutet der Grundsatz der Subsidiarität, dass eine Wahrnehmung von (sozialen) Aufgaben durch den Staat nur dann erfolgen kann, wenn diese von nichtstaatlichen Einrichtungen (zum Beispiel freie Wohlfahrtspflege oder Kirchen) nicht erfüllt werden können" (Gabler (2000), S. 2981).

Frage: Was sind die gesetzlichen Grundlagen für die Finanzierung durch die öffentliche Hand?

Die wichtigsten Gesetze des deutschen **Sozialrechts** für die Finanzierung sozialer Unternehmen lassen sich wie folgt gliedern:

1. Gesetze zur Regelung der sozialen Vorsorge
   - Gesetzliche Krankenversicherung SGB V
   - Soziale Pflegeversicherung SGB XI

2. Gesetze zur sozialen Förderung
   - Arbeitsförderung SGB III

3. Gesetze zur Regelung sozialer Hilfen
   - Kinder- und Jugendhilfe SGB VIII
   - Rehabilitation und Teilhabe behinderter Menschen SGB IX
   - Sozialhilfe SGB XII

In den **Sozialgesetzbüchern** (SGB) sind unter anderem die Aufgaben und Leistungen der Leistungserbringer und Leistungsträger, Zuständigkeiten und Verfahrensbestimmungen geregelt.

Neben den staatlichen Finanzgebern kann der **Europäischen Union** immer größere Bedeutung zugemessen werden. Anders als ihre Mitgliedstaaten finanziert sich die Europäische Union nicht über Steuern, sondern aus

Einnahmen, die von ihren Mitgliedstaaten stammen. Über die Verwendung dieser Mittel wird im EU-Haushalt bestimmt. Derzeit fließen große Teile der EU-Mittel in die gemeinsame Agrarpolitik und in die Förderung von Wachstum und Beschäftigung in strukturschwachen Regionen der EU. Die übrigen Mittel dienen unter anderem der Förderung von Forschung und Entwicklung, von Umweltmaßnahmen, der Zusammenarbeit der Mitgliedstaaten in den Bereichen Justiz und Inneres sowie der Zusammenarbeit mit Drittstaaten außerhalb der EU.

Frage: Worin liegen die Unterschiede einer direkten und indirekten Finanzierung?

Finanzierungsformen		
	Indirekte Finanzierung	**Direkte Finanzierung**
Anteil der Finanzierung	Vollfinanzierung	Anteilige Bezuschussung
Rechtliche Grundlage	Auf der Grundlage des sozialrechtlichen Dreiecksverhältnis und der Sozialgesetzbücher	Kein Rechtsanspruch, sondern freiwilliger Akt der öffentlichen Körperschaft ggf. auf der Grundlage von Gesetzen
Anspruchsgröße	Finanzierung über das Klientel	Finanzierung von sozialen Einrichtungen und Diensten
Art der Finanzierung	Leistungsentgelte im SGB V; SGB VIII, SGB XI und SGB XII	Zuschüsse der Europäischen Union, Bund, Ländern und Kommunen

Abb. 35: Direkte und indirekte Finanzierung

Die **indirekte Finanzierung** ist durch das sozialrechtliche Dreiecksverhältnis geprägt (siehe Kapitel 1.3.1.2). Das soziale Unternehmen als Leistungserbringer erhält auf der Grundlage von Leistungsverpflichtungen Geldleistungen, welche die Kosten für die Leistungserbringung am Leistungsempfänger decken sollen. Bei dieser Finanzierung gibt es in der Regel einen direkten Geldfluss an das Unternehmen, es besteht aber kein eigener Rechtsanspruch gegenüber dem Kostenträger.

Nach Abschaffung des Selbstkostendeckungsprinzips 1996 ist bis heute bundesweit noch kein stimmiges, transparentes und nachvollziehbares System zur Schaffung leistungsgerechter Vergütungen entwickelt worden. Die Leistungsträger beispielsweise in Form der Pflegekassen, Krankenkassen, Sozialversicherungsträger, Sozialämter zahlten bis dahin einen einheitlichen „Pflegesatz" für alle Leistungen. Heute gibt es kaum noch Hilfebereiche in denen undifferenzierte Abrechnungssystematiken in Form von einheitlichen Pflegesätzen oder Pauschalen existieren. Diese Entwicklung führt zu einer Verschiebung des Risikos. In der Vergangenheit mussten im Sinne des Prinzips der Über- und Unterdeckung Mittel die nicht ausgegeben wurden zurückgezahlt werden, bei unvorhersehbaren Ausgaben wurden aber im Gegenzug Mittel zur Verfügung gestellt. Heute liegt das Risiko bei den Leistungserbringern, welche aufgrund der Gemeinnützigkeitsbestimmungen nur in einem sehr begrenzten Rahmen Gewinne zurücklegen, um auf diese Reserven im Ernstfall zurückgreifen zu können (siehe 1.3.3.1). Mit zunehmender Differenzierung der Leistungsentgelte müssen anspruchsvolle Kostenträgerrechnungen durchgeführt werden[3], um eine Refinanzierung der Leistungsbereiche zu gewährleisten. Im ersten Schritt der Vorbereitung einer Kostenträgerrechnung ist hierbei immer die gesetzliche Finanzierungsgrundlage zu ermitteln, so dass deutlich wird, was vom Träger der Leistungen eigentlich bezahlt wird. In den meisten Fällen werden die gesetzlichen Bestimmungen durch Rahmenverträge zwischen Kostenträger und Leistungserbringer auf Ebene der Bundesländer konkretisiert. Mit dieser Erkenntnis kann im zweiten Schritt ein effektives Kalkulationsmodell der Kostenträgerrechnung ausgewählt oder wenn nötig aufgebaut werden (zum Beispiel bei neuen Leistungsangeboten). Im dritten Schritt schließlich muss kalkuliert und im Vierten verhandelt werden.

Bei der **direkten Finanzierung** handelt es sich um Zuschüsse aus Bundes-, Landes- oder Kommunalmitteln oder aus Mitteln der Europäischen Union. Die direkte Finanzierung über Zuschüsse wird unterschieden in die institutionelle Förderung in Form von Zuschüssen zum laufenden Betrieb oder Investitionszuschüssen sowie in die Projektförderung für zeitlich und inhaltlich abgrenzbare Vorhaben. Ein entscheidender Erfolgsfaktor für die direkte Förderung durch die öffentliche Hand ist das (fach-) politische

---

[3] Anmerkung: Die Kostenträgerrechnung stellt eine Stufe oder ein Element der Kosten- und Leistungsrechnung dar. Durch die Ausweitung der Handlungsfelder der Finanzierung auf die Vergütungs- und Entgeltkalkulation und –verhandlung muss dieses Thema im Rahmen der Finanzierung angesprochen werden.

Engagement. Die Argumentation für die Leistungsangebote des sozialen Unternehmens muss sich auf die Bedürfnisse der Klienten, auf die Ziele der öffentlichen Hand und auf die eigenen Kompetenzen zur Problemlösung beziehen. In diesem Bereich wird das Risiko ebenfalls zunehmend auf den Leistungserbringer übertragen. Institutionelle Förderungen werden durch Projektförderungen ersetzt, was dazu führt, dass bei ausbleibenden Projektmitteln oder Anschlussfinanzierungen der Leistungserbringer einen Weg finden muss, Mitarbeiter, die aufgrund arbeitrechtlicher Schutzbestimmungen weiter bezahlt werden müssen, zu refinanzieren. Hier gerät das Arbeitsrecht oftmals in direkte Konfrontation mit den Zuwendungsbestimmungen der jeweiligen Zuschussgeber. Ein angemessener Umgang mit den betreffenden Mitarbeitern erfordert, dass Sie über die arbeitsrechtlichen Folgen informiert sind.

2.1.1 Sozialleistungsträger

In den Sozialgesetzbüchern werden die Träger der Sozialleistungen bestimmt. Diese sind verpflichtet auf der Grundlage der gesetzlichen Bestimmungen die Finanzierung der Leistungen zu übernehmen.

2.1.1.1 Leistungsentgelte (SGB V, VIII, XI und XII)

Eine indirekte Finanzierung über Leistungsentgelte gibt es im Bereich der stationären (SGB XI) und ambulanten (SGB XI und SGB V) Pflege, der Behindertenhilfe und Sozialpsychiatrie (SGB XII), der Kinder- und Jugendhilfe (SGB VIII) sowie der Wohnungslosenhilfe (SGB XII). Grundsätzlich handelt es sich um eine Finanzierung aufgrund eines Leistungsvertrags. Die Bezeichnung der Vergütung (Leistungsentgelt oder Pflegesatz) sowie der Inhalt der Leistungsvereinbarungen sind abhängig von der jeweiligen Gesetzgebung für den Hilfebereich. Grundsätzlich sind Vergütungsentgelte bewohner- oder nutzerbezogene Tages-, oder Stundensätze beziehungsweise Pauschalen, durch die der Träger die laufenden Kosten der Einrichtung decken soll.

Bei allen Vergütungen handelt es sich um Einnahmen aus dem Verkauf von Dienstleistungen. Da nur in Ausnahmefällen Klienten sozialer Unternehmen und Dienste ein kostendeckendes Leistungsentgelt zahlen können, wird ein Teil der Kosten durch die Sozialleistungsträger erstattet. Um eine aufwendige Abrechnung der Leistungen über den Leistungsempfänger, als

Anspruchsberechtigten, zu vermeiden, können zwischen dem Leistungsträger und dem Leistungserbringer Art und Inhalt von Vergütungen vereinbart werden. Die Gestaltung der Vereinbarungen wird in den Sozialge-
setzen unterschiedlich festgeschrieben. In allen Bereichen müssen die
Grundsätze der Leistungsfähigkeit, Wirtschaftlichkeit sowie Maßnahmen
zur Qualitätssicherung berücksichtigt werden (vgl. § 76 SGB XII; § 78b
SGB VIII; § 132a SGB V; § 29 SGB XI).

**Frage: Welche Bestimmungen der Sozialgesetzgebung sind in den
Bereichen sozialer Arbeit relevant?**

Die folgende Tabelle gibt einen Überblick über die gesetzlichen Grundlagen zur Finanzierung von Leistungserbringern mit Angabe der jeweiligen
Vergütungsbestandteile.

Bestimmungen der Sozialgesetzbücher		
Bereich der sozialen Arbeit	**Gesetzesgrundlage**	**Vergütungsbestandteile**
Stationäre Pflegedienste	§ 82 SGB XI Soziale Pflegeversicherung	Vergütung/Entgelt für: - Pflegeleistungen gemäß § 84 SGB XI (Pflegesätze) - Unterkunft und Verpflegung getrennt gemäß § 87 SGB XI - Zusatzleistungen gemäß § 88 SGB XI - Betriebsnotwendige Investitionen gemäß § 82 Abs. 3 und 4 SGB XI (je nach Rahmenvertrag und Pflegesatzvereinbarung)
	§ 61 SGB XII Sozialhilfe	Hilfen zur Pflege (je nach Rahmenvertrag und Pflegesatzvereinbarung nach SGB XI)

Sozialstationen und ambulante Pflegedienste	§ 89 SGB XI Soziale Pflegeversicherung	Vergütung für : - Häusliche Pflegeleistungen - Hauswirtschaftliche Versorgung (je nach Rahmenvertrag und Vergütungsvereinbarung)
	§ 132 f SGB V Krankenversicherung	Vergütungen für: - Haushaltshilfen § 132 - Versorgung mit häuslicher Krankenpflege § 132a (je nach Leistungserbringungsvertrag zwischen Krankenkasse und Leistungserbringer)
Stationäre und ambulante Jugendhilfe	§ 78b SGB VIII Kinder- und Jugendhilfe	Entgelte für: - Leistungsangebote - Betriebsnotwendige Investitionen (je nach Rahmenvertrag und Vergütungsvereinbarung)
Menschen mit Behinderung	§ 75 Abs. 2 SGB XII Sozialhilfe	Pauschalen für: - Unterkunft und Verpflegung (Grundpauschale) - Maßnahmen (Maßnahmepauschale) - Investitionsbeitrag (je nach Rahmenvertrag und Vergütungsvereinbarung)
Wohnungslosenhilfe	§ 75 Abs. 2 SGB XII Sozialhilfe	Pauschalen für: - Unterkunft und Verpflegung (Grundpauschale) - Maßnahmen (Maßnahmepauschale) - Investitionsbeitrag (je nach Rahmenvertrag und Vergütungsvereinbarung)

Abb. 36: Bestimmungen der Sozialgesetzbücher im Überblick

Frage: Was sind Leistungsentgelte?

2.1.1.1.1 Leistungsentgelte im SGB XII Sozialhilfe

Die Leistungsentgelte auf der Grundlage des SGB XII werden auf Landesebene in so genannten Rahmenverträgen verankert, welche Leistungs-, Vergütungs-, und Prüfungsvereinbarungen zwischen den überörtlichen Trägern und den Verbänden der Einrichtungsträgern festlegen. Gemäß § 76 Abs. 1 SGB XII müssen die Leistungsvereinbarung die wesentlichen Leistungsmerkmale festlegen:

- den von ihr zu betreuenden Personenkreis,
- Art, Ziel und Qualität der Leistung,
- Qualifikation des Personals,
- die erforderliche sächliche und personelle Ausstattung,
- die betriebsnotwendigen Anlagen der Einrichtung.

Die Leistungen müssen ausreichend, zweckmäßig und wirtschaftlich sein und dürfen das Maß des Notwendigen nicht überschreiten. Die pauschale Vergütung nach § 76 Abs. 2 SGB XII für Kosten für Unterkunft und Verpflegung (Grundpauschale), Maßnahmekosten (Maßnahmenpauschale) sowie betriebsnotwendige Investitionskosten (Investitionskostensatz) werden individuell zwischen Leistungserbringer und Leistungsträger verhandelt. Grundlage für die Kalkulation bilden die prospektiven Kosten des Unternehmens. Die Kalkulation der Maßnahmenpauschale basiert auf einem vergleichbaren Hilfebedarf für eine festgelegte Gruppe von Hilfeempfängern. Zur Umsetzung dieser Anforderung wurden auf Landesebene in den Rahmenverträgen Leistungstypen und Hilfebedarfsgruppen festgelegt, in welche die Klienten der Behindertenhilfe, Sozialpsychiatrie und Wohnungslosenhilfe eingeteilt werden.

2.1.1.1.2 Leistungsentgelte im SGB VIII Kinder- und Jugendhilfe

In der Kinder- und Jugendhilfe nach dem SGB VIII werden Leistungsentgelte auf der Grundlage von Entgeltvereinbarungen gezahlt, deren Inhalt durch Rahmenverträge zwischen den kommunalen Spitzenverbänden und den Verbänden der freien Wohlfahrtspflege bestimmt wird. Die Entgeltvereinbarung ist prospektiv zu gestalten und kann nur bei unvorhersehbaren wesentlichen Veränderungen der Annahmen neu verhandelt werden. Grundlage ist eine Leistungsvereinbarung mit Festlegung von folgenden Merkmalen:

1. Art, Ziel und Qualität des Leistungsangebots,
2. den in der Einrichtung zu betreuenden Personenkreis,
3. die erforderliche sächliche und personelle Ausstattung,
4. die Qualifikation des Personals sowie
5. die betriebsnotwendigen Anlagen der Einrichtung

(vgl. § 78 c SGB VIII).

2.1.1.1.3 Leistungsentgelte im SGB XI stationäre Pflege

Im SGB XI ist das Pflegesatzverfahren für stationäre Pflegeeinrichtungen ausdrücklich geregelt. In § 85 SGB XI wird bestimmt, dass Art, Höhe und Laufzeit der Pflegsätze zwischen dem Träger des Pflegeheimes und den Leistungsträgern vereinbart werden. Leistungsträger beteiligt sind

1. die Pflegekassen oder sonstige Sozialversicherungsträger,
2. die für die Bewohner des Pflegeheimes zuständigen Träger der Sozialhilfe sowie
3. die Arbeitsgemeinschaften der Pflegekasse, Sozialversicherungsträger, Sozialhilfeträger.

Anstelle dieser Vertragsparteien können nach § 86 SGB XI landesweit tätige Pflegesatzkommissionen die Pflegesätze (Leistungsentgelt im SGB XI) vereinbaren, wenn der Träger des Pflegeheims zustimmt. Grundlage für die Festelegung des Pflegesatzes sind auch im SGB XI-Bereich Art, Inhalt, Umfang und Kosten der Leistungen, welche die Pflegeeinrichtung durch Pflegedokumentationen und andere geeignete Nachweise darzulegen hat. Kommt eine Pflegesatzvereinbarung innerhalb von sechs Wochen nicht zustande, nachdem eine Vertragspartei schriftlich zu Pflegesatzverhandlungen aufgefordert hat, setzt die Schiedsstelle nach § 76 auf Antrag einer Vertragspartei die Pflegesätze unverzüglich fest. Diese Bestimmungen gelten auch für die Festlegung des Entgelts für Unterkunft und Verpflegung, welches seit Ende 2008 getrennt bestimmt werden muss.

Gemäß § 75 SGB XI können die Landesverbände der Pflegekassen unter Beteiligung des Medizinischen Dienstes der Krankenversicherung sowie des Verbandes der privaten Krankenversicherung e.V. im Land mit den Vereinigungen der Träger der ambulanten oder stationären Pflegeeinrichtungen im Land gemeinsam und einheitlich Rahmenverträge mit dem Ziel, eine wirksame und wirtschaftliche pflegerische Versorgung der Versicherten sicherzustellen, abschießen.

Die Rahmenverträge für die vollstationäre, teilstationäre und Kurzzeitpflege regeln unter anderem:

1. den Inhalt der Pflegeleistungen sowie bei stationärer Pflege die Abgrenzung zwischen den allgemeinen Pflegeleistungen, den Leistungen bei Unterkunft und Verpflegung und den Zusatzleistungen,

2. die allgemeinen Bedingungen der Pflege einschließlich der Kostenübernahme, der Abrechnung der Entgelte und der hierzu erforderlichen Bescheinigungen und Berichte,

3. Maßstäbe und Grundsätze für eine wirtschaftliche und leistungsbezogene, am Versorgungsauftrag orientierte personelle und sächliche Ausstattung der Pflegeeinrichtungen, und

4. Abschläge von der Pflegevergütung bei vorübergehender Abwesenheit (Krankenhausaufenthalt, Beurlaubung) des Pflegebedürftigen aus dem Pflegeheim.

Entgelte für betriebsnotwendige Investitionsaufwendungen liegen gemäß § 9 SGB XI in der Verantwortung der Länder. Diese können investive Aufwendungen der Pflegeeinrichtungen durch Zuschüsse fördern und/oder Art Höhe sowie Laufzeit der so genannten IK-Sätze bestimmen (vgl. § 82 Abs. 3 und 4 SGB XII).

2.1.1.1.4 Leistungsentgelte im SGB XI / SGB V ambulante Pflege

Die Vergütungen für ambulanten Pflegeleistungen gemäß den Bestimmungen des **SGB XI** werden auf der Grundlage einer Gebührenordnung nach § 90 SGB XI oder zwischen dem Träger des Pflegedienstes und den Leistungsträgern für alle Pflegebedürftigen nach einheitlichen Grundsätzen vereinbart. Die Vergütungsvereinbarung ist in diesem Fall für jeden Pflegedienst gesondert abzuschließen oder durch die Vertreter der freien Wohlfahrtspflege und den Spitzenverbänden der Sozialversicherung auf Landesebene gemäß § 75 SGB XI für die ambulante Pflege auszuhandeln.

Die Versorgung mit Haushaltshilfe und häuslicher Krankenpflege durch die ambulanten Pflegedienste werden über das **SGB V** finanziert. Gemäß den §§ 132 und 132a SGB V werden über die Einzelheiten der Versorgung, über die Preise und deren Abrechnung sowie die Verpflichtung der Leistungserbringer zur Fortbildung ebenfalls Rahmenverträge zwischen den Krankenkassen und Leistungserbringern auf Landesebene abgeschlossen, um die Bestimmungen für die Versorgung mit Haushaltshilfen und häuslicher Krankenpflege festzulegen.

Frage: Welche Kosten werden in den Vergütungsbestandteilen berücksichtig und wie werden diese kalkuliert?

In allen Hilfebereichen müssen für die Kalkulation der Vergütungen immer die bundes- und landesgesetzlichen Regelungen und Bestimmungen sowie die einrichtungsindividuellen Besonderheiten Beachtung finden.

Einige Spitzenverbände der freien Wohlfahrtspflege (zum Beispiel die Diakonischen Werke Baden und Württemberg) stellen ihren Mitgliedseinrichtungen die wichtigsten Kalkulationsprogramme (Kostenträgerrechnungen) unentgeltlich zur Verfügung. Mit deren Hilfe kalkulieren die Organisationen ihre Entgelte und Vergütungen und errechnen so ihre Forderungen für die Verhandlungen mit den Verhandlungspartnern.

Abb. 37: Kalkulationsinstrument für Pflegesätze/Entgelte im DW Baden

2.1.1.1.5 Inhalte der Leistungsentgelte am Beispiel des SGB XII

Die Vergütungen der Leistungen für den SGB XII-Bereich bestehen je Leistungstyp mindestens aus einer Grundpauschale, Maßnahmepauschale und dem Investitionsbetrag. Das folgende Schaubild zeigt, welche Bestandteile bei einer prospektiven Kalkulation nach dem Rahmenvertrag SGB XII in Baden–Württemberg zu berücksichtigen sind.

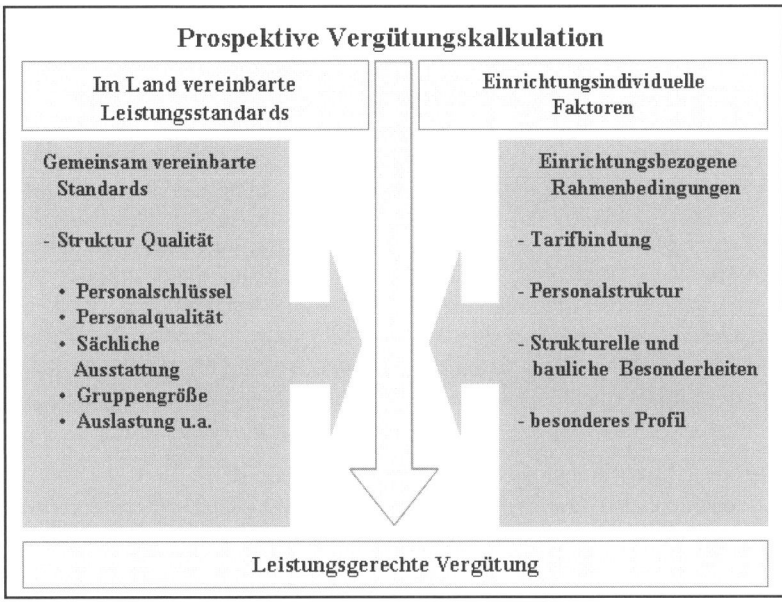

Abb. 38: Prospektive Vergütungskalkulation SGB XII in Baden-Württemberg
in Anlehnung an Bachert/Baehrens/Höschele (2007), S. 3

Auf Basis der im Land vereinbarten Standards (zum Beispiel Personalschlüssel oder sächliche Ausstattung) und auf der Grundlage des SGB XII und der einrichtungsindividuellen Rahmenbedingen (zum Beispiel Tarifbindung oder Personalstruktur) kalkuliert die Einrichtung eine leistungsgerechte Vergütungen mit Hilfe einer standardisierten Kostenträgerrechnung.

2.1.1.2 Persönliches Budget (SGB IX)

Das Persönliche Budget stellt eine Besonderheit der Leistungsentgelte durch die öffentliche Hand dar, da das Sozialrechtliche Dreiecksverhältnis an dieser Stelle durchbrochen wird. Die Leistungsform des Persönlichen Budgets wurde mit dem SGB IX zum 1. Juli 2001 eingeführt. Leistungsempfänger können von den Sozialleistungsträgern anstelle von Dienstoder Sachleistungen zur Teilhabe ein Budget wählen. Dies bedeutet, dass der Leistungsempfänger die Leistungen, die zur Deckung des persönlichen Hilfebedarfs erforderlich sind, selbst beim Leistungserbringer auswählt und bezahlt. Diese Wahlfreiheit fördert die Selbstbestimmung von Menschen mit Behinderung.

Frage: Auf welche Weise wird das persönliche Budget gezahlt?

Für ein Persönliches Budget müssen Menschen mit Behinderungen einen entsprechenden Antrag beim Leistungsträger stellen. Seit 1. Januar 2008 besteht auf Leistungen in Form des Persönlichen Budgets ein Rechtsanspruch. In der Budgetverordnung zur Durchführung des § 17 Abs. 2 bis 4 SGB IX wird das Bewilligungsverfahren zum Persönlichen Budget geregelt. Hier ist zum Beispiel festgelegt, welche Leistungen budgetfähig sind, wie der Bedarf zu ermessen ist und welche Grenze das Budget nicht überschreiten darf. Gemäß § 2 der Budgetverordnung sind die beteiligten Leistungsträger Rehabilitationsträger, Pflegekassen, Integrationsämter, Krankenkassen oder Träger der Sozialhilfe. Sind an einem Persönlichen Budget mehrere Leistungsträger beteiligt, wird es als trägerübergreifende Komplexleistung erbracht.

Soziale Unternehmen, die Leistungen im Persönlichen Budget anbieten, brauchen eine gewisse Planungssicherheit in Bezug auf die Personalgestellung, die Finanzierung der Personal-, Sach- und Investitionskosten. Bei Entscheidung für das Persönliche Budget werden zwischen dem Menschen mit Behinderung und dem Leistungsträger Zielvereinbarungen über die individuellen Förder- und Leistungsziele sowie den individuellen Beratungs- und Unterstützungsbedarf getroffen. Auf der Grundlage dieser Zielvereinbarung werden zwischen dem Menschen mit Behinderung und dem oder den Leistungserbringer(n) Leistungen zur Deckung des individuellen Beratungs- und Unterstützungsbedarf ausgehandelt und vereinbart. Die erbrachten Leistungen werden dann mit dem Leistungsempfänger über Stundensätze oder Pauschalen abgerechnet.

2.1.1.3 Leistungen der Agentur für Arbeit (SGB III)

Die Leistungen des SGB III sollen dem Entstehen von Arbeitslosigkeit entgegenwirken, die Dauer der Arbeitslosigkeit verkürzen und den Ausgleich von Angebot und Nachfrage auf dem Ausbildungs- und Arbeitsmarkt unterstützen. Dabei soll insbesondere durch die Verbesserung der individuellen Beschäftigungsfähigkeit Langzeitarbeitslosigkeit vermieden werden. Die Agentur für Arbeit ist beauftragt die Ziele der Arbeitsförderung umzusetzen und wird durch den Bund finanziert.

Im Gesetz sind sowohl Finanzierungsansprüche von Betroffenen (zum Beispiel Hartz IV, ALG II), von Arbeitgebern (zum Beispiel Kurzarbeitsgeld, Lohnkostenzuschüsse) als auch von Dritten zur Übernahme bestimmter Aufgaben verankert. Sozialunternehmen können Zuschüsse für die Erledigung bestimmter Aufgaben erhalten:

1. Förderung der Berufsausbildung und Beschäftigung durch begleitende Eingliederungshilfen,

2. Berufliche Aus- und Weiterbildung oder berufliche Rehabilation und

3. Arbeitsbeschaffungsmaßnahmen.

Frage: Welches Leistungserbringungsrecht haben Sozialunternehmen nach dem SGB III?

Das Sechste Kapitel des SGB III ist überschrieben mit „Leistungen an Träger". In § 240 SGB III ist seit 01.08.2009 insbesondere geregelt, dass Träger „Zuschüsse erhalten und Maßnahmekosten erstattet bekommen, wenn sie förderungsbedürftige Jugendliche

1. mit ausbildungsbegleitenden Hilfen bei deren betrieblicher Berufsausbildung unterstützen oder deren Eingliederungsaussichten in Berufsausbildung oder Arbeit verbessern,

2. anstelle einer Berufsausbildung in einem Betrieb in einer außerbetrieblichen Einrichtung ausbilden,

3. mit sozialpädagogischer Begleitung während einer Berufsausbildungsvorbereitung nach dem Berufsbildungsgesetz oder einer Einstiegsqualifizierung unterstützen oder

4. durch die Unterstützung mit administrativen und organisatorischen Hilfen in die Berufsausbildung, in die Berufsausbildungsvorbereitung nach dem Berufsbildungsgesetz oder in die Einstiegsqualifizierung eingliedern"

Absatz 3 ordnet die Anwendung des Vergaberechts an. Da Gegenstand des Vergaberechts Anbahnung und Abschluss öffentlicher Aufträge ist, muss die Hinzuziehung Dritter, also im Wege der Auftragsvergabe erfolgen. Für die Anwendung der Zuwendungsfinanzierung über Zuschüsse besteht kein Raum mehr. Soweit in Absatz 1 noch von Zuschüssen gesprochen wird, sind hier nicht Zuschüsse an Maßnahmeträger gemeint, sondern solche, die unmittelbar an ausbildende Betriebe gewährt werden.

2.1.1.4 Zuschüsse

Frage: Wie unterscheiden sich institutionelle und Projektzuschüsse?

Zuschüsse können generell in zwei Arten unterteilt werden.

1. Die **institutionelle Förderung** bedeutet in der Regel eine pauschale Finanzierung der betrieblichen Ausgaben des Empfängers. Dabei handelt es sich de facto um eine Dauerförderung für satzungsgemäße Aufgaben des Empfängers, welche im Haushaltsplan des Zuschussgebers verankert sind.

2. Bei der **Projektförderung** werden Ausgaben einzelner, bestimmter, eingrenzbarer Vorhaben gedeckt. Dabei wird eine zeitliche und sachliche Begrenzung vorgenommen. Die Abrechnung erfolgt in der Regel über einen Kosten- und Finanzierungsplan.

Frage: Was ist eine Vollfinanzierung, Festbetrags-, Fehlbedarf-, und Anteilsfinanzierung?

Die Zuschussfinanzierung ist unterteilt in die Voll- und die Teilfinanzierung:

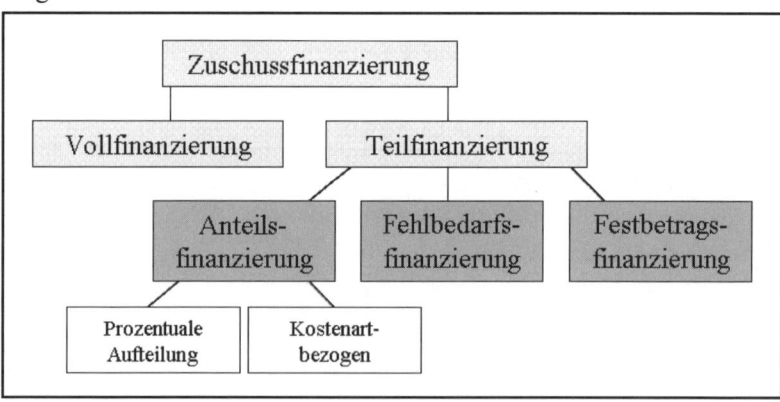

Abb. 39: Formen der Zuschussfinanzierung

Eine **Vollfinanzierung** ist nur in wenigen Ausnahmefällen durchsetzbar. Gemäß § 23 Bundeshaushaltsverordnung und den Landeshaushaltsverordnungen dürfen Zuwendungen zur Erfüllung bestimmter Zwecke nur veranschlagt werden, wenn der Bund an der Erfüllung solcher Zwecke ein erhebliches Interesse hat, das ohne die Zuwendungen nicht oder nicht im notwendigen Umfang befriedigt werden kann. Dies bedeutet, dass öffentliche Mittel nur dann in Anspruch genommen werden, wenn keine ausreichenden Eigenmittel vorhanden sind (vgl. Harant (2007), S. 365). Als Eigenmittel der Träger gelten sowohl Mittel aus eigenen Quellen als auch private Mittel. Sollte eine Vollfinanzierung aufgrund eines überwiegend staatlichem Interesse oder einem sachlichen Grund vorliegen, ist der Zuschuss in jedem Fall auf einen Höchstbetrag begrenzt.

Die **Anteilsfinanzierung** ist eine häufige Variante der Teilfinanzierung in der sozialen Förderpraxis. Dabei sind zwei verschieden Varianten bekannt:

a) **Prozentualer Zuschuss:**

   Ein prozentualer Zuschuss bezieht sich in der Regel auf den Gesamtbetrag der veranschlagten Kosten. Dabei ist zu beachten, dass für die Berechnung des prozentualen Anteils nur Kosten in den Gesamtbetrag berücksichtigt werden, welche vom Zuschussgeber als förderfähig angesehen werden. Zudem sind festgelegte Prozentsätze in bestimmten Fällen an die Zusagen weiterer Finanzgeber gebunden, die sich ebenfalls mit einem bestimmten Prozentsatz oder einem absolutem Betrag an der Finanzierung der Institution oder des Projekts beteiligen müssen.

b) **Kostenartenbezogener Zuschuss:**

   Bei einer kostenartenbezogenen Teilfinanzierung wird die Zuschusszusage des Mittelgebers auf bestimmte Kostenarten begrenzt. Der Finanzierungsanteil bezieht sich dann in der Regel auf die Personalkosten oder bestimmte festgelegte Sachkosten.

Bei beiden Varianten wird die Zusage in der Regel mit einer Obergrenze versehen. Die zuwendungsfähigen Ausgaben müssen zudem durch den Zuschussnehmer nachgewiesen werden. Das Risiko für übersteigende Ausgaben trägt der Zuschussnehmer.

Die **Festbetragsfinanzierung** ist die einfachste Art der Finanzierung für Zuschussgeber und Zuschussnehmer. Auch wenn die Kosten nach oben oder unten von den Plankosten abweichen, wird die Zuschusshöhe nicht verändert. Grenzen werden hier in der Regel gesetzt indem der Zuschuss an eine möglichst kleine Größeneinheit gekoppelt wird. Beispielsweise ein Festbetrag pro Teilnehmer einer Veranstaltung, welche dann auf eine bestimmte Anzahl begrenzt wird.

Bei der **Fehlbedarfsfinanzierung** finanziert der Zuschussgeber lediglich diejenigen Kosten einer Institution oder eines Projekts, die nach Ablauf des Haushaltsjahres nicht durch Eigenmittel oder private Mittel gedeckt sind. Diese Teilfinanzierung ist in der Regel ebenfalls durch einen Höchstbetrag begrenzt. Zudem ist der Zuschussnehmer verpflichtet seine wirtschaftliche Situation und dazugehörige Rücklagen offen zu legen. Diese Finanzierungsform kann in der Praxis mit der Anteils- oder der Festbetragsfinanzierung verbunden sein.

Frage: Wie gestalten sich Antragsverfahren, Bewilligung und Nachweispflicht?

Für alle Zuschüsse der öffentlichen Hand gilt, dass diese beantragt und bewilligt werden müssen. Zudem ist gemäß § 44 Bundeshaushaltsverordnung die zweckentsprechende Verwendung der Zuwendungen nachzuweisen. Die Vorgaben für das Antrags- und Nachweisverfahren können sehr unterschiedlich sein. Die Form der Antragstellung bestimmt der Zuschussgeber. Wenn kein formales Antragsverfahren vorgesehen ist, kann ein formloser schriftlicher oder auch mündlicher Antrag gestellt werden.

Grundsätzlich sollte jeder schriftliche **Antrag** folgende Angaben enthalten:

1. Rechtsform, Geschäftsführung, Vertretungsbefugnis und Anschrift des Antragsstellers,

2. Ziel und Zweck des Vorhabens und gegebenenfalls Projektbeschreibung mit Zeitplan und Arbeitsorganisation,

3. Kosten- und Finanzierungsplan mit Angabe der Personal-, Sach- und Investitionskosten auf der einen Seite und verfügbaren Eigen- und Drittmitteln auf der anderen Seite, sowie

4. Begründung und Interessendarstellung.

Aufgrund des bundesweit geltenden **Besserstellungsverbots** müssen in der Regel als Anlage die Personalkosten differenziert dargestellt werden. Dazu gehört eine Auflistung des eingesetzten Personals mit Stellenanteil, zeitlicher Befristung und Angabe der Vergütungsgruppe. Eingesetzte Mitarbeiter dürfen nach dem Haushaltsgesetz nicht besser vergütet werden als vergleichbare Bundes- beziehungsweise Landesbedienstete.

Im **Bewilligungsbescheid** über einen Zuschuss werden der Empfänger, der Zweck, die Finanzierungsart sowie der Umfang der zuwendungsfähigen Ausgaben und der Zeitraum festgelegt. Zudem werden in dem Bescheid zusätzliche Bedingungen für die Förderung festgeschrieben. Dies können neben Widerrufsbelehrungen, Befristungen und Vorbehalten insbesondere Zuwendungsbedingung und Nachweispflichten sein, die besonders zu beachten sind. Grundsätzlich können nur Projekte gefördert werden, die noch nicht begonnen wurden, da nur dann die Notwendigkeit der Zuschüsse im Sinne der Nachrangigkeit angenommen wird. Ausnahmen sind erlaubt, wenn der Zuwendungsgeber dies ausdrücklich formuliert hat. Während des Projektverlaufs sind häufig Abweichungen vom Kosten- und Finanzierungsplan ab einem bestimmten prozentualen Wert dem Zuschussgeber mitzuteilen und eine Genehmigung ist einzuholen. Die Zuschüsse dürfen nur für den beschriebenen Zweck verwendet werden und die Kriterien der Sparsamkeit und Wirtschaftlichkeit sind einzuhalten. Um diese Vorgaben zu überprüfen, gibt es unterschiedlich ausgestaltete Nachweispflichten für den Zuschussempfänger. Diese reichen von einfachen Teilnehmerlisten bis hin zu einem umfangreichen Belegnachweis über Ausgaben, zeitlichem Einsatz von Mitarbeitern, Teilnehmereinsätzen und Ähnlichem. Spätestens nach Ablauf des Bewilligungszeitraums muss ein Verwendungsnachweis und ein sachlicher Bericht nach den Vorgaben des Zuschussgebers erstellt werden. Falls die Mittel nicht nach den Kriterien des Bewilligungsbescheids verwendet wurden, kann der Zuschussgeber die unverzügliche Rückzahlung des Gesamtbetrags oder von Teilbeträgen verlangen.

Öffentliche Investitionszuschüsse können ebenso wie Projektzuschüsse rückzahlbar sein, wenn an die Vergabe des Zuschuss Bedingungen geknüpft waren. In der Regel besteht eine Verpflichtung zur zweckgerechten Nutzung der Investition über einen bestimmten Zeitraum.

Frage: Was versteht man unter Subvention und Zuwendung?

Bei den Zuschüssen können Zuwendungen aus Mitteln des Bundes oder der Länder und Subventionen von Seiten der Kommunen unterschieden werden. Die begriffliche Abgrenzung von Subventionen und Zuwendungen ist nicht eindeutig. Der Begriff Zuschuss bezeichnet übergreifend einen Transfer in Form von Barmitteln, Gütern oder Dienstleistungen, für den in der Regel keine Rückzahlung gefordert wird.

Subventionen sind „Transferzahlungen an Unternehmen, d.h. Geldzahlungen oder geldwerte Leistungen der öffentlichen Hand (…) ohne (marktwirtschaftliche) Gegenleistung" (Gabler (2000), S. 2985).

Zuwendungen sind zweckgebundene Leistungen öffentlich-rechtlicher Art ohne Rechtsanspruch und unmittelbarem Leistungsaustausch. Nicht zu den Zuwendungen gehören Sachleistungen, Bürgschaften, Garantien und Gewährleistungen und der Ersatz von Aufwendungen. Merkmale für eine Zuwendung sind:

- Prinzip der Wirtschaftlichkeit (Sparsamkeit und Ergiebigkeit),
- Zweckbindung,
- Nachweis der entsprechenden Verwendung,
- Prüfungsrecht der zuständigen Dienststelle,
- Teilfinanzierung aufgrund Subsidiaritätsprinzip,
- einseitige und freiwillige Leistung und
- in der Regel ein begünstigender Verwaltungsakt

(vgl. Harant (2007), S. 366).

Zuwendungen werden häufig nach pflichtgemäßem Ermessen vergeben, welches aber den Grundsätzen der Zweckentsprechung, der Verhältnismäßigkeit und der Gleichbehandlung unterliegen muss. Unter Zuwendungen versteht man im Haushaltsrecht (freiwillige) Leistungen des Bundes an Stellen außerhalb der Bundesverwaltung beziehungsweise Leistungen der Länder an Stellen außerhalb der jeweiligen Landesverwaltung zur Erfüllung bestimmter Zwecke. Da das Zuwendungsrecht für Bund und Länder, nicht aber Kommunen Gültigkeit besitzt, Subventionen aber von allen Bereichen der öffentlichen Hand gezahlt werden, wird häufig der Begriff „Subventionen" im Zusammenhang mit Zuschüssen der Kommune und der Begriff „Zuwendung" für Zuschüsse aus Bundes- oder Landesmitteln verwendet. Die Subventionen von Kommunen können aufgrund sozialrechtlicher Bestimmungen (beispielsweise im SGB XII) oder aufgrund freiwilliger Basis vergeben werden. Freiwillige kommunale Leistungen sind insbesondere für soziale Unternehmen von Bedeutung, die eine Finanzierung für Aufgaben benötigen, die nicht zu den Pflichtleistungen des Staates gehören. Grundsätzlich dürfen öffentliche Mittel nur dann in Anspruch genommen werden, wenn keine ausreichenden Eigenmittel zur Verfügung stehen.

2.1.2 Europäische Fonds

Trotz der zunehmenden Bedeutung von Europa gibt es kein europäisches Sozialrecht. Aufgrund der nicht vorhandenen Beiträge zu europäischen Sozialleistungen sind die Finanzierungsmöglichkeiten der Europäischen Union (EU) nicht sozialpolitisch geprägt. Bei der wirtschaftspolitischen Ausrichtung der Finanzierung geht es um einen Ausgleich lokaler Unterschiede. Um diese lokalen wirtschaftlichen Unterschiede zu bekämpfen werden aber auch sozialpolitische Themen aufgegriffen und gefördert, so dass die Finanzierung von Leistungen sozialer Unternehmen auch mit Hilfe von Mittel der Europäischen Union möglich ist.

Die Beantragung von EU-Zuschüsse ist meist sehr aufwendig. Folgende Gesichtspunkte sollten beachtet werden:

1. Hintergründe des jeweiligen Programms (übergeordnete Ziele),
2. frühzeitiger Kontaktaufbau zu Partnerorganisationen in anderen Ländern,
3. Verfügbarkeit von Kofinanzierungsmitteln,
4. Beantragung von Mitteln für laufenden Haushalt nur in Ausnahmefällen und
5. formale Verfahren und Antragsfristen.

Im Folgenden sollen die wichtigsten Fördertöpfe der EU für soziale Unternehmen vorgestellt werden.

2.1.2.1 Strukturfonds

Bei den Strukturfonds handelt es sich um die wichtigsten Instrumente der Strukturpolitik zur Erreichung strukturpolitischer Ziele. Über sie stellt die Europäische Union die Finanzmittel zur Bewältigung der wirtschaftlichen und sozialen Strukturprobleme bereit. Die Strukturfonds funktionieren nach dem Prinzip der Kofinanzierung, welche bestimmt, dass zur Finanzierung der geförderten Projekte stets öffentliche Mittel des betreffenden Landes beigesteuert werden müssen. Außerdem ist das so genannte Additionalitätsprinzip zu beachten. Die EU-Regionalförderung erfolgt zusätzlich zu der Unterstützung der Mitgliedstaaten und darf diese nicht ersetzen. Ein weiterer wichtiger Grundsatz der EU-Strukturpolitik ist der Grundsatz der Partnerschaft zwischen der EU-Kommission und den Mitgliedstaaten auf den verschiedenen Verwaltungsebenen sowie mit den Wirtschafts-, Sozial- und sonstigen Partnern. In der Förderperiode 2007-2013 gibt es zwei Strukturfonds, den Europäischen Sozialfonds (ESF) sowie den Europäischen Fonds für regionale Entwicklung (EFRE).

2.1.2.1.1 Europäischer Sozialfonds

Der Europäische Sozialfonds (ESF) ist einer der Strukturfonds der EU, die eingerichtet wurden, um die Unterschiede bei Wohlstand und Lebensstandard in den Mitgliedstaaten und Regionen der EU abzubauen und dadurch den wirtschaftlichen und sozialen Zusammenhalt zu fördern. Der ESF dient der Förderung der Beschäftigung in der EU. Er steht den Mitgliedstaaten zur Seite, wenn es darum geht, Europas Arbeitskräfte und Unternehmen für die neuen und globalen Herausforderungen zu rüsten.

Das Geld fließt in die Mitgliedstaaten und Regionen, insbesondere jene, deren wirtschaftliche Entwicklung am wenigsten fortgeschritten ist. Der ESF ist ein Kernstück der EU-Strategie für Wachstum und Beschäftigung zur Verbesserung der Lebensbedingungen der EU-Bürger durch höhere Qualifizierung und bessere Berufsaussichten. Im Zeitraum 2007-2013 vergibt der ESF rund 75 Mrd. Euro an Mitgliedstaaten und Regionen in der EU.

Die Strategie für Wachstum und Beschäftigung ist und bleibt die wichtigste EU-Strategie zur Sicherung des Wohlstands in Europa. Im Rahmen der Europäischen Beschäftigungsstrategie arbeiten 27 Mitgliedstaaten gemeinsam daran, Europas Fähigkeit zur Schaffung angemessener Arbeitsplätze zu verbessern und Menschen mit den erforderlichen Qualifikationen auszustatten, um diese besetzen zu können. Unter diesen strategischen Leitlinien wendet der ESF Mittel auf, um die gesetzten Ziele zu erreichen. Strategie und Budget des ESF werden zwischen den EU-Mitgliedstaaten, dem Europäischen Parlament und der Kommission verhandelt und beschlossen. Auf dieser Grundlage werden von den Mitgliedstaaten gemeinsam mit der Europäischen Kommission für einen siebenjährigen Zeitraum operationelle Programme geplant. Diese operationellen Programme werden dann mithilfe eines breiten Spektrums an Organisationen aus dem öffentlichen und privaten Bereich durchgeführt. Zu diesen Organisationen gehören nationale, regionale und lokale Behörden, Einrichtungen für allgemeine und berufliche Bildung, Nichtregierungsorganisationen und der gemeinnützige Sektor mit Sozialpartner, wie etwa Gewerkschaften und Betriebsräte, Industrie- und Berufsverbände, sowie auch einzelnen Unternehmen.

Zur Erreichung der übergeordneten Ziele „Konvergenz" sowie „Regionale Wettbewerbsfähigkeit und Beschäftigung" wird sich der ESF in den Jahren 2007 bis 2013 auf folgende Schwerpunkte konzentrieren:

- Steigerung der Anpassungsfähigkeit von Arbeitskräften und Unternehmen,
- Verbesserung des Zugangs zum Arbeitsmarkt und der dauerhaften Eingliederung in den Arbeitsmarkt,
- Verstärkung der sozialen Eingliederung von benachteiligten Personen,
- Stärkung des Humankapitals sowie
- Förderung von Partnerschaften und Initiativen für Reformen hinsichtlich Beschäftigung und Einbeziehung aller in den Arbeitsmarkt.

Für bedürftige Regionen und Mitgliedstaaten sieht der Fonds zudem die Unterstützung von Maßnahmen vor, mit denen die Aus- und Weiterbildungssysteme verbessert und die Kapazitäten öffentlicher Einrichtungen erweitert werden können.

Der Fonds hebt besonders die Unterstützung der Beseitigung von Ungleichheiten zwischen Frauen und Männern sowie die Förderung innovativer Aktivitäten und transnationaler Zusammenarbeit hervor.

Unter der Federführung des Bundesministeriums für Arbeit und Soziales sind die folgenden vier Bundesressorts an der Umsetzung des ESF-Bundesprogramms beteiligt:

1. das Bundesministerium für Bildung und Forschung,
2. das Bundesministerium für Wirtschaft und Technologie,
3. das Bundesministerium für Familie, Senioren, Frauen und Jugend sowie
4. das Bundesministerium für Verkehr, Bau und Stadtentwicklung.

Das ESF-Bundesprogramm verfolgt vier Programmschwerpunkte. Einige Programme liefen schon in der letzten Förderperiode und werden in der neuen Förderperiode fortgesetzt oder sind noch in Planung. In der neuen Förderperiode werden weitere Programme hinzukommen. Für soziale Unternehmen sind insbesondere die Ausschreibungen des Bundesministeriums für Arbeit und Soziales relevant. Dort gibt es derzeit folgende Programme:

- Bundesprogramm Kommunal-Kombi,
- XENOS-Integration und Vielfalt,
- ESF-Bundesprogramm zur arbeitsmarktlichen Unterstützung für Bleibeberechtigte und Flüchtlinge mit Zugang zum Arbeitsmarkt,
- IDA-Integration durch Austausch (Transnationalität),
- Stärkung der berufsbezogenen Sprachkompetenz für Personen mit Migrationshintergrund,
- Leistungen für Teilnehmer an Qualifizierungsmaßnahmen während des Bezugs von Transferkurzarbeitergeld (QualiKug),
- Gründercoaching bei Gründungen aus Arbeitslosigkeit,
- Bundesinitiative zur Gleichstellung von Frauen in der Wirtschaft und
- Initiative JOB.

Die Homepage der Bundesregierung (http://www.esf.de) enthält eine Programmübersicht aller beteiligten Ministerien sowie allgemeine und aktuelle Informationen zum ESF in Deutschland.

Neben der Förderung über den Bund werden Mittel aus dem Europäischen Sozialfonds über die jeweiligen Länder verteilt. In der Förderperiode 2007-2013 sind die Mittel wie folgt verteilt.

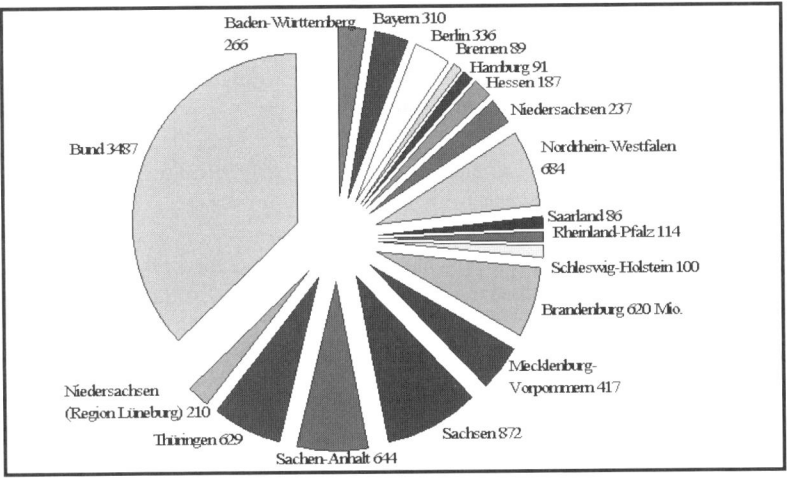

Abb. 40: Mittelverteilung ESF Bund/Länder 2007-2013
Informationen aus http://www.esf.de

2.1.2.1.2 Europäischer Fonds für regionale Entwicklung (EFRE)

Der Europäische Fonds für regionale Entwicklung soll durch den Ausgleich der wichtigsten regionalen Ungleichgewichte und die Beteiligung an der Entwicklung und Umstellung der Regionen den wirtschaftlichen und sozialen Zusammenhalt fördern; gleichzeitig sind Synergieeffekte in Verbindung mit den Interventionen der anderen Strukturfonds sicherzustellen. Das Ziel des EFRE ist die Stärkung der wirtschaftlichen und sozialen Kohäsion in der Europäischen Union durch Abbau der Ungleichheiten zwischen den einzelnen Regionen. Da der EFRE keine konkrete Förderung sozialer Ziele vorsieht, wird er hier nicht weiter vorgestellt.

2.1.2.2 Aktionsprogramme

Die Europäische Union hält vielfältige Förderprogramme bereit, die sich in Zielsetzung, Budget und Verfahren teils ganz erheblich voneinander unterscheiden. Es handelt sich hierbei um Programme, die in Politikfeldern aufgelegt werden, in denen der EU durch den EG-Vertrag eine bestimmte Zuständigkeit übertragen wurde. Im Gegensatz zur EU-Strukturförderung konzipieren und verwalten die verschiedenen Generaldirektionen der Europäischen Kommission diese EU-Förderprogramme selbst. Die Durchführung erfolgt teils zentral in Brüssel, teils dezentral durch „Nationale Agenturen" in den Mitgliedstaaten. Bei den Aktionsprogrammen handelt sich zumeist um transnationale Programme und Projekte. Gefördert werden überwiegend der europaweite Erfahrungsaustausch und Know-how-Transfer sowie die gemeinsame Entwicklung neuer Konzepte. Soziale Unternehmen können sich direkt um die Teilnahme an den Programmen bewerben.

2.1.2.2.1 Daphne

Daphne ist ein spezifisches Programm zur Verhütung und Bekämpfung von Gewalt gegen Kinder, Jugendliche und Frauen sowie zum Schutz von Opfern und gefährdeten Gruppen. Mit dem aktuellen Programm „Daphne III" wird das Ziel verfolgt, alle Formen von Gewalt, insbesondere körperliche, sexuelle und psychische Gewalt gegen Kinder, Jugendliche und Frauen zu verhindern und zu bekämpfen. Ein weiteres Ziel ist der Schutz von Opfern und gefährdeten Gruppen, um auf dem gesamten Gebiet der Union ein hohes Maß an Schutz der körperlichen und psychischen Gesundheit, an Wohlbefinden und sozialem Zusammenhalt herbeizuführen. Dieses Programm bildet die dritte Phase des Daphne-Programms und deckt den Zeitraum 2007-2013 ab.

Unterstützt werden:

- Nichtregierungsorganisationen und andere in diesem Bereich tätige Organisationen sowie die Zusammenarbeit zwischen diesen Organisationen,
- Sensibilisierungsmaßnahmen,
- die Verbreitung der im Rahmen der Vorgängerprogramme Daphne und Daphne II erzielten Ergebnisse,

- Maßnahmen zum Schutz und zur Stärkung gewaltgefährdeter Personen,

- Forschungsvorhaben, Schulungsmaßnahmen, Studienbesuche, Personalaustausch sowie andere Maßnahmen zur Gewinnung und Verbreitung von Wissen und Erfahrungen,

- Konzeption, Prüfung und Weiterentwicklung von Material zur Sensibilisierung und Schulung,

- Untersuchungen von Gewaltphänomenen und ihren Auswirkungen sowohl auf die Opfer als auch auf die Gesellschaft in ihrer Gesamtheit, sowie

- Unterstützungsprogramme für Opfer und gefährdete Personen und Interventionsprogramme für Täter unter Wahrung der Sicherheit der Opfer.

Die Förderung erfolgt in der Form von Zuschüssen (Projekt- oder Betriebskostenzuschüsse). Die Höhe der Förderung wird in den jährlichen Arbeitsprogrammen festgelegt. Daneben können auch öffentliche Aufträge vergeben werden. Die Kommission veröffentlicht Aufforderungen zur Einreichung von Vorschlägen im EU-Amtsblatt sowie im Internet.

2.1.2.2.2 Jugend in Aktion

Die Europäische Kommission hat das Programm „Jugend in Aktion" für den Zeitraum 2007-2013 aufgelegt. Der Finanzrahmen für die weitgehend dezentrale Durchführung dieses Programms ist auf 915 Millionen Euro festgelegt. Das Programm richtet sich an junge Menschen zwischen 13 und 30 Jahren in den Mitgliedstaaten und in Drittländern, vor allem diejenigen, die unter die neue Nachbarschaftspolitik fallen. „Jugend in Aktion" umfasst fünf Aktionen. Besonders berücksichtigt werden benachteiligte junge Menschen. Darüber hinaus können auch die in der Jugendarbeit und in Jugendorganisationen Tätigen, gemeinnützige Organisationen und Verbände und in bestimmten Fällen sonstige im Jugendbereich tätige Partner unterstützt werden.

Ziele des Programms sind:

- die Förderung der aktiven Bürgerschaft junger Menschen im Allgemeinen und ihres europäischen Bürgersinns im Besonderen,

- die Entwicklung der Solidarität und die Förderung der Toleranz unter jungen Menschen, insbesondere zur Stärkung des sozialen Zusammenhalts in der Europäischen Union,

- die Förderung des gegenseitigen Verständnisses zwischen jungen Menschen in verschiedenen Ländern,

- die Entwicklung der Qualität der Systeme zur Unterstützung der Aktivitäten junger Menschen und der Kompetenzen der Organisationen der Zivilgesellschaft im Jugendbereich sowie

- die Förderung der europäischen Zusammenarbeit im Jugendbereich.

Die Ziele des Programms sollen durch folgende aktuelle Aktionen verwirklicht werden:

Aktion 1 – Jugend für Europa:

Unterstützung des Jugendaustauschs sowie von Jugendinitiativen, Projekten und Aktivitäten, die die Beteiligung am demokratischen Leben betreffen.

Aktion 2 – Europäischer Freiwilligendienst:

Förderung der Beteiligung junger Menschen an Freiwilligentätigkeiten innerhalb und außerhalb der Europäischen Union.

Aktion 3 – Jugend in der Welt:

Förderung von Projekten mit den Partnerländern des Programms sowie Förderung von Initiativen zur Stärkung des gegenseitigen Verständnisses junger Menschen und ihres Sinns für Solidarität und Toleranz.

Aktion 4 – Unterstützungssysteme für junge Menschen:

Unterstützung der auf europäischer Ebene im Jugendbereich tätigen Einrichtungen, insbesondere der Arbeit nichtstaatlicher Jugendorganisationen.

Aktion 5 – Unterstützung der europäischen Zusammenarbeit im Jugendbereich:

Organisation eines strukturierten Dialogs zwischen den verschiedenen Akteuren im Jugendbereich, Unterstützung von Jugendseminaren zu sozialen, kulturellen und politischen Fragen, Förderung der politischen Zusammenarbeit im Jugendbereich, Förderung des Aufbaus von Netzen, die für ein besseres Verständnis der Jugend erforderlich sind.

Die Förderung erfolgt in Form von Zuschüssen oder Stipendien. Die Kommission kann außerdem Auszeichnungen für Aktionen oder Projekte vergeben, die im Rahmen des Programms durchgeführt werden. Je nach Art der Aktion können Pauschalfinanzierungen und/oder die Anwendung von Richtsätzen für Kosten je Einheit genehmigt werden. Die teilnehmenden Länder benennen nationale Agenturen, die für die Durchführung der Programmaktionen auf nationaler Ebene zuständig sind. Die Antragstellung erfolgt in der Regel über die nationalen Agenturen. Bei bestimmten Projekten ist eine zentrale Antragstellung über die Exekutivagentur erforderlich. Wichtige Informationen werden auf der Homepage (www.jugend-in-aktion.de) veröffentlicht.

2.1.2.2.3 Lebenslanges Lernern

Mit ihren Bildungsprogrammen erreicht die Europäische Union eine bedeutende Zahl ihrer Bürgerinnen und Bürger unmittelbar. Allgemeines Ziel des Programms für lebenslanges Lernen ist es, dazu beizutragen, dass sich die Gemeinschaft gemäß den Zielen der Lissabon-Strategie zu einer fortschrittlichen wissensbasierten Gesellschaft entwickelt. Das Programm soll die Maßnahmen der Mitgliedstaaten unterstützen und ergänzen und den Austausch, die Zusammenarbeit und die Mobilität zwischen den Systemen der allgemeinen und beruflichen Bildung in der Gemeinschaft fördern, damit sich diese zu einer weltweiten Qualifikationsreferenz entwickeln. Ziel ist es, den Austausch, die Zusammenarbeit und die Mobilität zwischen den Bildungssystemen in der Gemeinschaft zu unterstützen. Das Aktionsprogramm besteht aus vier sektoralen Programmen, einem Querschnittsprogramm und dem Programm „Jean Monnet".

Im Rahmen der sektoralen Programme werden Projekte gefördert, die die länderübergreifende Mobilität von Einzelpersonen unterstützen, zum Aufbau bilateraler und multilateraler Partnerschaften beitragen oder die Qualität der Bildungs- beziehungsweise Berufsbildungssysteme steigern, beispielsweise durch die multilaterale Zusammenarbeit zur Innovationsförderung.

Die vier sektoralen Programme sind:

1. das Programm „Comenius" für Maßnahmen im Bereich der Vor-
   schul- und Schulbildung bis zum Ende der Sekundarstufe II,

2. das Programm „Erasmus" für Maßnahmen im Bereich der forma-
   len Hochschulbildung (einschließlich länderübergreifender Praktika von Studierenden in Unternehmen),

3. das Programm „Leonardo da Vinci" für Maßnahmen im Bereich
   der beruflichen Bildung (einschließlich länderübergreifender
   Praktika in Unternehmen, außer für Studierende),

4. das Programm „Grundtvig" für Maßnahmen im Bereich der Erwachsenenbildung.

Abgerundet werden diese Aktionen durch das Programm „Jean Monnet",
das Einrichtungen und Aktivitäten im Bereich der europäischen Integration unterstützt.

Das Programm **Comenius** erstreckt sich von Vorschulen bis zum Sekun-
darbereich II. Das Ziel besteht darin, das Verständnis der verschiedenen
europäischen Kulturen und das Verständnis zwischen ihnen durch den
Austausch und die Zusammenarbeit zwischen Schulen in verschiedenen
Ländern zu entwickeln. Diese Erfahrungen fördern die persönliche Entwicklung, Fähigkeiten und Kompetenzen und pflegen den Gedanken einer
europäischen Bürgerschaft. Das Programm richtet sich an den Bildungs-
sektor im weitesten Sinne, einschließlich lokaler Behörden, Eltern oder
Lehrerbildungseinrichtungen. Mit Comenius sollen die Qualität der Schulbildung verbessert, ihre europäische Dimension gestärkt sowie die Mobilität, das Erlernen von Fremdsprachen und eine verstärkte Integration gefördert werden. Unterstützt werden Partnerschaften zwischen Schulen in
thematischen Bereichen von gemeinsamem Interesse und multilaterale
Projekte zur Erarbeitung neuer pädagogischer Methoden oder Lehrpläne.
Außerdem werden sowohl Bildungsnetze finanziert als auch Kontakte
zwischen Schulen, die sich auf gemeinsamen Treffen oder auch über das
Internet austauschen. Insbesondere verfolgt Comenius das Ziel, bis zum
Jahr 2013 die Beteiligung von mindestens 3 Millionen Schülern an gemeinsamen Bildungsaktivitäten zu fördern. Unterstützt werden länderübergreifende Mobilität, Schulpartnerschaften, europäische Projekte
und Netze.

Erasmus, das Vorzeigebildungsprogramm der EU, stellt die Mobilität von Studierenden und Bildungspersonal sowie die europäische Zusammenarbeit in den Mittelpunkt und erstreckt sich auf Hochschulen und andere entscheidende Akteure in der wissensbasierten Wirtschaft. Unterstützt wird die Verwirklichung eines Europäischen Hochschulraums (EHEA) über eine verstärkte Mobilität, mit der Innovation, Wachstum und Arbeitsplätze in der EU gefördert werden sollen. Bisher haben über 1,5 Millionen Studierende daran teilgenommen; das Ziel liegt bei 3 Millionen bis zum Jahr 2013. Neben einer erweiternden Studienerfahrung sorgt Erasmus auch für Kontakte zwischen den verschiedenen Kulturen. Erasmus erstreckt sich nicht nur auf Studierende, sondern auch auf Lehrkräfte, Ausbilder und andere an der Hochschulbildung beteiligte Akteure. Dazu gehören beispielsweise einschlägige Vereinigungen, Forschungszentren oder Beratungsorganisationen. Außerdem steht es Unternehmen, Sozialpartnern und anderen Interessierten sowie öffentlichen und privaten Einrichtungen offen, die auf lokaler, regionaler und nationaler Ebene für das Angebot an allgemeiner beziehungsweise beruflicher Bildung zuständig sind. Erasmus unterstützt Maßnahmen im Bereich der Mobilität (Studien- oder Praxis-Aufenthalte im Ausland), europäische Projekte und Netze.

Im Mittelpunkt des Programms **Leonardo da Vinci** stehen die Lehr- und Lernbedürfnisse der an der beruflichen Aus- und Weiterbildung beteiligten Akteure. Das Ziel besteht darin, die Wettbewerbsfähigkeit des europäischen Arbeitsmarktes zu festigen und zu stärken, indem die europäischen Bürgerinnen und Bürger beim Erwerb von neuen Fähigkeiten, Wissen und Qualifikationen unterstützt werden und eine Anerkennung über die Grenzen hinweg gewährleistet wird. Außerdem werden Innovationen und Verbesserungen in den Systemen und Verfahren der beruflichen Aus- und Weiterbildung unterstützt. Ein Hauptziel besteht in der Erhöhung der Qualität und Attraktivität der beruflichen Aus- und Weiterbildung in Europa. Leonardo da Vinci steht dem gesamten Themenspektrum offen, das sich auf die berufliche Aus- und Weiterbildung erstreckt. Unterstützt wird der Austausch von Wissen, Innovation und Fachkenntnissen zwischen allen wesentlichen Akteuren in diesem Bereich. Leonardo da Vinci finanziert eine breite Palette von Maßnahmen, insbesondere länderübergreifende Mobilität und europäische Projekte zur Entwicklung oder zum Transfer von Innovationen und Netzen. Das Programm richtet sich an Auszubildende in der Erstausbildung, an Personen, die dem Arbeitsmarkt zur Verfügung stehen, und an Fachleute der Berufsbildung sowie an in diesem Bereich tätige Organisationen.

Mit dem Programm **Grundtvig** sollen Antworten auf die Herausforderungen gefunden werden, die sich aus der Notwendigkeit, Wissen zu aktualisieren, ergeben. Erwachsene sollen auf ihrem Lebensweg Möglichkeiten zum Ausbau ihres Wissens und ihrer Kompetenzen erhalten, damit sie sich den Veränderungen auf dem Arbeitsmarkt und in der Gesellschaft anpassen können. Bei Grundtvig stehen alle Formen der nicht berufsbezogenen Erwachsenenbildung im Mittelpunkt. Es richtet sich an Lernende, Lehrkräfte, Ausbilder und anderes Personal in der Erwachsenenbildung sowie an Bildungseinrichtungen und -organisationen und andere Stellen, die entsprechende Lernangebote bieten oder fördern. Vereinigungen für Erwachsenenbildung, Beratungs- und Informationsdienste, nichtstaatliche Organisationen, Unternehmen, Forschungszentren und Hochschulen können über länderübergreifende Grundtvig Lernpartnerschaften, Grundtvig Multilaterale Projekte und Netze zusammenarbeiten. Außerdem können die an der Erwachsenenbildung beteiligten Akteure an Mobilitätsprogrammen (Europäische Fortbildungsmaßnahmen) teilnehmen.

Für das Antragsverfahren des Aktionsprogramms sind die nationalen Agenturen („NA-Verfahren") oder die Kommission („Kommissionsverfahren") verantwortlich.

2.1.2.2.4 Europa für Bürgerinnen und Bürger

Dieses Programm unterstützt eine große Bandbreite an Aktivitäten und Organisationen zur Förderung einer „aktiven europäischen Bürgerschaft". Es will insbesondere europäische Bürger/innen und zivilgesellschaftliche Organisationen in den europäischen Integrationsprozess einbeziehen. Das Programm "Europa für Bürgerinnen und Bürger" mit einem Budget von 215 Millionen Euro für die Jahre 2007 bis 2013 hat das Ziel Europa an seine Bürgerinnen und Bürger anzunähern und ihnen die Teilnahme am europäischen Aufbauprozess zu ermöglichen. Mit Hilfe dieses Programms haben die Bürgerinnen und Bürger Gelegenheit, transnationale Erfahrungen zu machen, zu kooperieren, einen Beitrag zur Entwicklung der Zugehörigkeit zu gemeinsamen europäischen Werten zu leisten und den europäischen Einigungsprozess voranzutreiben.

Aktion 1 - Aktive Bürger/innen für Europa

Diese Aktion ist speziell auf Aktivitäten ausgerichtet, die Bürger/innen dabei unterstützen mit Menschen aus ganz Europa zusammen zu kommen, damit sie Erfahrungen, Meinungen und Wertvorstellungen austauschen und gemeinsam nutzen, aus der Geschichte lernen und die Zukunft gestalten können. Die Aktion versucht die Zusammenkünfte, den Austausch sowie Gespräche zwischen europäischen Bürger/innen aus verschiedenen Ländern und über verschiedene Wege anzuregen.

Diese Aktion setzt sich aus zwei Maßnahmen zusammen:

1. Städtepartnerschaften: Diese Maßnahme nutzt die Verbindungen zwischen Partnergemeinden auf lokaler Ebene für die Förderung des Austauschs und der Zusammenarbeit.

2. Bürgerprojekte und flankierende Maßnahmen: Im Rahmen dieser Maßnahme werden innovative Möglichkeiten der Bürgerbeteiligung untersucht.

Aktion - 2: Aktive Zivilgesellschaft in Europa

Diese Aktion richtet sich an die Zivilgesellschaft und orientiert sich an den Zielen zur Förderung von Aktionen, Diskussionen und Überlegungen zur europäischen Bürgerschaft und zur Demokratie, zur Wertegemeinschaft und zur gemeinsamen Geschichte und gemeinsamen Kultur durch die Zusammenarbeit im Rahmen der Organisationen der Zivilgesellschaft auf europäischer Ebene. Diese Aktion unterstützt Organisationen der Zivilgesellschaft und Think-Tanks[4] als einzigartige Bindeglieder zwischen europäischen Bürger/innen und der Europäischen Union. Organisationen der Zivilgesellschaft auf europäischer, nationaler, regionaler und lokaler Ebene sind wichtige Elemente für eine aktive Beteiligung der Bürger/innen an der Gesellschaft und helfen, alle Aspekte des öffentlichen Lebens zu stärken. Forschungseinrichtungen, die sich mit europäischen öffentlichen Politiken beschäftigen, erfüllen eine zielgerichtete Funktion, indem sie Ideen und Überlegungen zu europäischen Themen, zur aktiven europäischen Bürgerschaft oder zu europäischen Wertvorstellungen in die Diskussion auf europäischer Ebene einbringen. Damit Organisationen der Zivilgesellschaft auf europäischer Ebene über die notwendigen Kapazitäten und die Stabilität für die Erweiterung und Strukturierung ihrer europaweiten Aktivitäten verfügen, können sie Strukturförderung in Form von Betriebskostenzuschüssen erhalten, die einen Teil ihrer laufenden Kosten abde-

---

[4] Forschungseinrichtungen, die sich mit europäischen öffentlichen Politiken beschäftigen

cken. Zur Förderung der Dynamik der Zivilgesellschaft in Europa werden konkrete Kooperationsprojekte von Organisationen der Zivilgesellschaft aus verschiedenen teilnehmenden Ländern auf lokaler, regionaler, nationaler oder europäischen Ebene gefördert.

Diese Aktion setzt sich aus drei Maßnahmen zusammen:

1. Strukturförderung für Think-Tanks (nicht relevant für Sozialunternehmen).

2. Strukturförderung für Organisationen der Zivilgesellschaft auf europäischer Ebene durch Betriebskostenzuschüsse.

3. Unterstützung für Initiativen von Organisationen der Zivilgesellschaft: Ziel dieser Maßnahme ist die Unterstützung konkreter Projekte von Organisationen der Zivilgesellschaft aus verschiedenen teilnehmenden Ländern. Daran kann eine Vielzahl von Organisationen auf lokaler, regionaler, nationaler und europäischer Ebene teilnehmen. Derartige Projekte sollen für Probleme von europäischem Interesse und die konkreten Lösungen sensibilisieren, die durch Zusammenarbeit oder Abstimmung auf europäischer Ebene gefunden werden können.

2.1.2.3 Fonds beim Bundesamt für Migration und Flüchtlinge

Das Bundesamt für Migration und Flüchtlinge ist zuständig für die Förderung von Projekten mit dem Ziel der Verbesserung der gesellschaftlichen und sozialen Integration von Zuwanderern (gemeinwesenorientierte Projekte). Über diese nationale Zentralstelle fördert die Europäische Kommission die Verbesserung der Lebenssituation von Flüchtlingen und die Integration von Zuwanderern in den EU-Mitgliedstaaten.

Die Kommission legt strategische Leitlinien fest, die den Rahmen für die Intervention des Fonds sowie die Aufteilung der Fondsmittel vorgeben. Jeder Mitgliedstaat legt auf der Grundlage der strategischen Leitlinien ein Mehrjahresprogramm vor, das von der Kommission genehmigt wird. Die Mehrjahresprogramme werden in Form von Jahresprogrammen umgesetzt. Die Mitgliedstaaten benennen Behörden, die für die Durchführung des Fonds zuständig sind.

2.1.2.3.1 Europäischer Flüchtlingsfonds (EFF)

Der Europäische Flüchtlingsfonds unterstützt die Mitgliedstaaten der Europäischen Union bei der Aufnahme von Flüchtlingen und Vertriebenen und der Bewältigung der dadurch entstehenden Folgelasten. Die Vorbereitung einer gemeinsamen Asylpolitik ist ein grundlegender Bestandteil des Ziels der Europäischen Union, schrittweise einen Raum der Freiheit, der Sicherheit und des Rechts zu schaffen, der den Personen offen steht, die – durch die Umstände getrieben – legitimerweise Schutz in der Europäischen Union suchen. Der Europäische Flüchtlingsfonds stärkt die Solidarität zwischen den Mitgliedstaaten und fördert das Gleichgewicht in ihren Bemühungen bei der Aufnahme von Asylbewerbern, Flüchtlingen und Vertriebenen.

Der Europäische Flüchtlingsfonds unterstützt außerdem Maßnahmen in den Mitgliedstaaten, mit denen die soziale und wirtschaftliche Integration von Flüchtlingen gefördert werden soll. Er bietet praktische Unterstützung an, damit Asylbewerber, Flüchtlinge und vertriebene Personen in voller Kenntnis der Sachlage beschließen können, das Hoheitsgebiet der Mitgliedstaaten zu verlassen und in ihr Herkunftsland zurückzukehren, wenn sie dies wünschen. Auf Initiative der Kommission finanziert der Europäische Flüchtlingsfonds außerdem Pilotinitiativen und den Austausch zwischen Mitgliedstaaten. Schließlich kann der Europäische Flüchtlingsfonds, wie auf der Tagung des Europäischen Rates in Tampere vom 15. und 16. Oktober 1999 gefordert, auch zur Finanzierung von Sofortmaßnahmen genutzt werden, um im Falle eines massiven Zustroms von Flüchtlingen vorübergehenden Schutz leisten zu können.

Der Anteil Deutschlands für das Förderjahr 2008 beträgt ca. 6,8 Mio. Euro. Zuwendungen aus Mitteln des Europäische Flüchtlingsfonds werden für folgende Maßnahmen gewährt:

- Aufnahmebedingungen und Asylverfahren (Art. 3 Abs. 2 EFF III),
- Integration (Art. 3 Abs. 3 EFF III),
- Strukturverbesserungen in der Asylpolitik, Asylverwaltung und Asylrechtsprechung (Art. 3 Abs. 4 EFF III),
- Neuansiedlung (Art. 3 Abs. 5 EFF III) und
- Überstellung von einem Mitgliedstaat in einen anderen (Art. 3 Abs. 6 EFF III).

Projekte können in folgenden Bereichen gefördert werden:

- Infrastrukturverbessernde Maßnahmen,
- Psychosoziale Betreuung und Therapie,
- Unbegleitete minderjährige Flüchtlinge,
- Frauenprojekte,
- Integration und Vorintegration,
- Reintegration,
- Flüchtlingsberatung und -unterstützung.

Projektmaßnahmen für "Rückkehrer" werden künftig aus Mitteln des Europäischen Rückkehrfonds gefördert. Allenfalls in Form einer Perspektivberatung können Aspekte der "freiwilligen Rückkehr" als Bestandteile einer ganzheitlichen Asyl- und Aufnahmeberatung in einem Projekt berücksichtigt werden. Die nationale Programmplanung erstreckt sich über einen Zeitraum von sechs Jahren (2008 bis 2013). Projekte und Maßnahmen selbst müssen keine Mindest- oder Höchstdauer aufweisen, dürfen aber in der Regel maximal drei Jahre lang gefördert werden.

2.1.2.3.2 Europäischer Integrationsfonds (EIF)

Der Fonds unterstützt die Mitgliedstaaten der Europäischen Union bei der Integration von Drittstaatenangehörigen mit unterschiedlichem wirtschaftlichem, sozialem, kulturellem, religiösem, sprachlichem und ethnischem Hintergrund. Der Fonds ist in erster Linie auf Maßnahmen ausgerichtet, die die Integration von neu zugewanderten Drittstaatsangehörigen betreffen. Als Drittstaatsangehörige werden Personen bezeichnet, die weder Unionsbürger sind noch als Asylbewerber oder Flüchtlinge gelten.

2.1.2.3.3 Europäischer Rückkehrfonds (ERF)

Der Europäische Rückkehrfonds unterstützt die Mitgliedstaaten der Europäischen Union bei der Durchführung und Verbesserung von Maßnahmen zur Rückkehr von Flüchtlingen und Vertriebenen in ihre Heimatländer. Ziel ist es, ein integriertes Rückkehrmanagement zu entwickeln und umzusetzen, die Zusammenarbeit der Mitgliedstaaten zu intensivieren und zu einer einheitlichen und effektiven Anwendung gemeinsamer Rückkehrnormen beizutragen.

Frage: Welche Bedeutung haben europäische Fonds für die Finanzierung von Sozialunternehmen?

Die Finanzierung über Europäische Mittel kann, wie alle Projektzuschüsse, nie eine Regelfinanzierung ersetzen, aber einen großen Stellenwert in der Praxis sozialer Unternehmen darstellen.

Über Zuschüsse werden nur in den seltensten Fällen alle Projektkosten gedeckt. Neben den ausdrücklich eingebrachten Eigenmitteln, erbringt das Unternehmen häufig weitere Leistungen für das Projekt, die zusätzliche Kosten verursachen. Dies können beispielsweise bereits vor Projektbeginn Konzeptionsentwicklungen und Antragstellung sein sowie während des Projekts Leistungen der Öffentlichkeitsarbeit oder der Verwaltung für die keine Kosten eingerechnet sind. Zur Kontrolle über die Kosten, welche nicht über Projektmittel gedeckt sind, kann es hilfreich sein mehrere Finanzierungspläne für interne Auswertungen und externe Empfänger zu erstellen.

Dennoch stellen europäische Fördermittel ein wichtiges Instrument zur Finanzierung von sozialen Leistungen dar, weil nur über diese Zuschüsse innovative Ideen und neue Ansätze konzipiert und ausprobiert werden können. Bei einem Erfolg sollte die Leistung möglichst in eine Regelfinanzierung eingebunden werden.

2.1.3 Praxisbeispiel: Kalkulation von Entgeltsätzen

Der Träger „Carikonie", der bereits aus dem ersten Praxisbeispiel bekannt ist, ist eine soziale Einrichtung im Bereich der stationären Altenpflege. In den Jahren 2008 und 2009 wurde jeweils ein Verlust erwirtschaftet. Die Pflegesatzverhandlung im Jahr 2009 erbrachte eine Steigerung der Entgelte ohne Investitionskostensätze um 3,6 %, wobei aber die notwendige Budgetsteigerung in Höhe von 684.004,63 € nicht realisiert wurde. Die Geschäftsführung hat aufgrund dieser Entwicklungen einen Finanzplan bis ins Jahr 2013 erstellt, der unter anderem die Aufforderung zur Verhandlung der Pflegesätze in den Jahren 2010 und 2011 mit einer prognostizierten Steigerung um 2% (vereinfach jeweils 140 TEURO) enthält (siehe Kapitel 1.4).

Finanzplan (auf Basis des Betriebsabrechnungsbogens zum 31.12.2009) Alle Angaben in Tausend Euro					
	2009	2010	2011	2012	2013
1. Personal- und Sachkosten					
Summe Personal- und Sachkosten	6.666	6.566	6.466	6.366	6.366
2. Instandhaltungs- und Investitionskosten					
Summe IK-Anteil	880	880	880	880	880
Gesamtkosten	7.546	7.446	7.346	7.346	7.346
3. Abrechenbare Vergütungen 2009					
	7.102	7.242	7.382	7.382	7.382
4. Gewinn/Verlust aus Gesamtkosten und abrechenbaren Vergütungen					
	-444	-204	36	36	36

Abb. 41: Beispiel Finanzplan, Carikonie

Damit dieser Plan verwirklicht werden kann, bereitet die Geschäftsführung Anfang 2010 die Aufforderung zur Vergütungsverhandlung vor. Grundlage für die Aufforderung zur Verhandlung der Pflegesätze sind die prospektiven Personal- und Sachkosten. Um diese ermitteln zu können, wird der Betriebsabrechnungsbogen vom 31.12.2009 als Ausgangspunkt herangezogen.

Zur Ermittlung der **Personalkosten** werden die prospektiven Personalkosten je Dienstart für eine Vollkraft (VK) pro Jahr ermittelt und mit den prospektiven eingesetzten Vollkräfte multipliziert. In der Carikonie steigen die durchschnittlichen Personalkosten aufgrund von Tariferhöhungen im Jahr 2010 an. Unter Berücksichtigung dieser Steigerung liegen bei gleichem Personalstand folgende Daten vor:

	VK	Prospektive Kosten pro Jahr	Durch-schnittl. € pro VK und Jahr
Leitung	2,80	168.000 €	60.000 €
Verwaltung	8,10	364.500 €	45.000 €
Pflegedienst	92,60	3.870.680 €	41.800 €
Betreuungsdienst	1,10	46.750 €	42.500 €
Hauswirtschaft und Küche	10,10	484.800 €	48.000 €
Übrige Hauswirtschaft	11,80	389.400 €	33.000 €
Technischer Dienst	14,20	482.800 €	34.000 €
		5.806.930 €	

Abb. 42: Prospektive Personalkosten

Im Bereich der **Sachkosten** werden die tatsächlichen Kosten mit den angenommenen Steigerungsraten multipliziert. Grundsätzlich wird im Jahr 2010 von einer Preissteigerung von 2,4 % ausgegangen. Bei den Energiekosten wird die Steigerungsrate auf 3,0 % erhöht, da hier zusätzliche Preissteigerungen erwartet werden. Insgesamt ergeben sich daraus folgende prospektive Sachkosten:

	Steigerung	Ist	Prospektiv
Lebensmittel	2,4%	299.228 €	306.409 €
Wasser, Energie, Brennstoffe	3,0%	222.008 €	228.668 €
Pflegebedarf	2,4%	9.653 €	9.884 €
Wirtschaftsbedarf	2,4%	148.649 €	152.216 €
bezogen Verwaltung	2,4%	191.120 €	195.707 €
bezogen Reinigung	2,4%	3.668 €	3.756 €
Soziale Betreuung	2,4%	965 €	988 €
Steuern, Abgaben, Gebühren	2,4%	73.359 €	75.120 €
Sonstige Aufwendungen	2,4%	27.027 €	27.676 €

Abb. 43: Prospektive Sachkosten

Die prospektiven Personal- und Sachkosten müssen auf die einzelnen Kostenträger sowie pro Berechnungstag aufgeteilt werden, um den jeweiligen Vergütungssatz je Kostenträger ermitteln zu können.

Die **Berechnungstage** ergeben sich aus der Belegung multipliziert mit den Kalendertagen und der angenommen Auslastung. Die Carikonie hat 228 Plätze. Bei 365 Kalendertage und einer Auslastung von 95 % ergeben sich daraus 79.059 Berechnungstage im Jahr. Die folgende Tabelle zeigt die Sachkosten pro Berechnungstag:

	Kosten pro Jahr	Kosten pro Tag
Leitung	168.000 €	2,12 €
Verwaltung	364.500 €	4,61 €
Pflegedienst	3.870.680 €	48,96 €
Betreuungsdienst	46.750 €	0,59 €
Hauswirtschaft und Küche	484.800 €	6,13 €
Übrige Hauswirtschaft	389.400 €	4,93 €
Technischer Dienst	482.800 €	6,11 €
Summe Personal	5.806.930 €	73,45 €
Sachkosten Lebensmittel	306.409 €	3,88 €
Sachkosten Wasser, Energie, Brennstoffe	228.668 €	2,89 €
Sachkosten Pflegebedarf	9.884 €	0,13 €
Sachkosten Wirtschaftsbedarf	152.216 €	1,93 €
Sachkosten bezogen Verwaltung	195.707 €	2,48 €
Sachkosten bezogen Reinigung	3.756 €	0,05 €
Sachkosten Soziale Betreuung	988 €	0,01 €
Sachkosten Steuern, Abgaben, Gebühren	75.120 €	0,95 €
Sachkosten Sonstige Aufwendungen	27.676 €	0,35 €
Summe Sachkosten	1.000.424 €	12,65 €
Gesamtnettokosten	6.807.354 €	86,10 €

Im nächsten Schritt erfolgt die Aufteilung der Kosten auf die Bereiche Unterkunft (U) und Verpflegung (V) sowie Pflege (P) je Kostenart:

	Kosten pro Tag	U in %	U in €	V in %	V in €	P in %	P in €
Leitung	2,12 €	50	1,06 €			50	1,06 €
Verwaltung	4,61 €	50	2,31 €			50	2,31 €
Pflegedienst	48,96 €					100	48,96 €
Betreuungs-dienst	0,59 €					100	0,59 €
Hauswirtschaft und Küche	6,13 €			100	6,13 €		
Übrige Haus-wirtschaft	4,93 €	50	2,46 €			50	2,46 €
Technischer Dienst	6,11 €	50	3,05 €			50	3,05 €
Personalkosten	**73,45 €**		**8,88 €**		**6,13 €**		**58,43 €**
Lebensmittel	3,88 €			100	3,88 €		
Wasser, Ener-gie, Brennstoffe	2,89 €	50	1,45 €			50	1,45 €
Pflegebedarf	0,13 €					100	0,13 €
Wirtschafts-bedarf	1,93 €	50	0,96 €			50	0,96 €
bezogen Verwaltung	2,48 €	50	1,24 €			50	1,24 €
bezogen Reinigung	0,05 €	50	0,02 €			50	0,02 €
Soziale Betreuung	0,01 €					100	0,01 €
Steuern, Abga-ben, Gebühren	0,95 €	50	0,48 €			50	0,48 €
Sonstige Auf-wendungen	0,35 €	50	0,18 €			50	0,18 €
Sachkosten	**12,65 €**		**4,32 €**		**3,88 €**		**4,46 €**
Gesamtnetto-kosten	**86,10 €**		**13,20 €**		**10,01 €**		**62,89 €**

Abb. 44: Kostenaufteilung

Mit Hilfe dieser Berechnung kennt die Geschäftsführung der Carikonie die zu fordernden **Vergütungssätze für Unterkunft und Verpflegung**. Unter Berücksichtigung der prospektiven Sach- und Personalkosten wird für die Unterkunft eine Satz von 13,20 € und für die Verpflegung ein Satz in Höhe von 10,01 € ermittelt.

Für die **Pflegeleistungen** belaufen sich die Sach- und Personalkosten pro Berechnungstag auf 62,89 €. Diese Pflegekosten müssen jetzt zusätzlich für die einzelnen Pflegestufen gewichtet werden. Dies geschieht anhand eines Äquivalenzziffernverfahrens, welches sich auf die konkreten Personalkosten für Pflege und Betreuung bezieht (48,96 €). Eine Äquivalenzziffer ist dabei der Umrechnungsfaktor, der angibt, in welchem Verhältnis die Personalkosten je Pflegestufe zu den durchschnittlichen Pflegepersonalkosten stehen und sich am pflegerischen Aufwand in den jeweiligen Pflegestufen orientiert. Da der pflegerische Aufwand schwer messbar und quantitativ darstellbar ist, wird hier der Personalschlüssel als Hilfsgröße herangezogen. Je höher der pflegerische Aufwand, umso höher ist die Anzahl des eingesetzten Personals und umso geringer der Personalschlüssel. Für die Bestimmung der Äquivalenzziffer wird der Durchschnitt mit dem Wert 1 belegt, und davon abgeleitet das Ausmaß eines geringeren oder höheren Aufwands berechnet.

In der Carikonie sind folgende prospektive Personalschlüssel, Äquivalenzziffern, Pflegesätze und weitere Pflegekosten bestimmt worden:

Pflegeleistung	Personal-schlüssel	Äquiva-lenzziffer	Pflege-satz	Weitere Pflege-kosten	Vergü-tungs-satz
nicht eingestuf-te Bewohner 0	4,47	0,70	34,27 €	13,93 €	48,20 €
Pflegeklasse I	3,13	1,00	48,96 €	13,93 €	62,89 €
Pflegeklasse II	2,23	1,40	68,54 €	13,93 €	82,47 €
Pflegeklasse III	1,65	1,90	93,02 €	13,93 €	106,95 €

Abb. 45: Äquivalenzziffernverfahren

Bei der Aufforderung zur Vergütungsverhandlung wird die Carikonie also neben dem Satz für Unterkunft und Verpflegung unterschiedliche Vergütungssätze für die einzelnen Pflegestufen fordern, welche sich aus den gewichteten Personalkosten für die Pflege und Betreuung zuzüglich den weiteren Pflegekosten ergeben.

2.1.4 Interaktives Gespräch zur Beantragung von Zuschussmitteln

Friedrich Gans hat eine gute Idee. Er ist Mitarbeiter der Kinder- und Jugendeinrichtung KIJU und hat dort in den letzten Jahren immer häufiger Jugendliche betreut, die den Schulbesuch verweigert haben. Er hat erkannt, dass die Zahl der nicht beschulbaren Kinder und Jugendlichen im Landkreis generell steigt. Die aus dieser Situation entstandenen Angebote des Landkreises für diese Zielgruppe, wie beispielsweise das Berufsvorbereitungsjahr, können einen Teil der Kinder und Jugendlichen auffangen und ihnen dadurch den Einstieg ins Berufsleben ermöglichen. Friedrich Gans hat aber festgestellt, dass eine bestimmte Gruppe von Kindern und Jugendlichen nicht durch die bestehenden Angebote betreut werden können. Für diese Kinder und Jugendliche möchte er ein zusätzliches Angebot schaffen, um auf das Berufsleben vorzubereiten und die Chancen auf einen Ausbildungsplatz zu erhöhen. Bei einer Fortbildung hat Friedrich Gans davon gehört, dass diese Problematik in Dänemark durch die so genannte Produktionsschule aufgegriffen wird. Bei diesem Konzept lernen Kinder und Jugendliche außerhalb des bestehenden Schulsystems nicht nur soziale Schlüsselkompetenzen sondern werden mit den klassischen Lerninhalten der Schule, wie beispielsweise Mathematik oder Rechtschreibung, konfrontiert. Friedrich Gans möchte jetzt gerne diese Möglichkeiten des Lernens für Kinder und Jugendliche auch in seiner Region umsetzen. Da er wenig Wissen über eine Finanzierung und Umsetzung einer solchen Aufgabe hat, sucht er Menschen die ihn bei seiner Idee unterstützen. Friedrich Gans hat Glück. Er findet im Internet eine Firma, die soziale Unternehmen bei der Entwicklung und Finanzierung von Projektideen unterstützt und vereinbart einen Termin mit der Mitarbeiterin Paulina Unterstadt. Eine Woche später kommt die Beraterin in die Einrichtung, um mit Friedrich Gans zu sprechen.

Friedrich Gans: Herzlich Willkommen Frau Unterstadt, es freut mich, dass Sie so schnell Zeit gefunden haben, um sich meine Ideen anzuhören und dass Sie mir weiterhelfen wollen.

Paulina Unterstadt: Guten Tag Herr Gans, ich bin gespannt, welche Ideen Sie haben und werde Sie tatkräftig dabei unterstützen eine Umsetzungsmöglichkeit zu finden. Sie haben ja bereits am Telefon angekündigt, dass Sie mit einer neuen Methode Kinder und Jugendliche auf das Berufsleben vorbereiten möchten. Erzählen Sie mir darüber.

Friedrich Gans erzählt blumig und mit vielen Worten von seinen Erfahrungen aus den letzten Jahren, von dem was er auf der Fortbildung gehört und welche Ideen er hat. Nach einiger Zeit unterbricht ihn Frau Unterstadt und fragt, ob er all dies schon in einem Konzept zusammengefasst hat. Friedrich Gans verneint mit der Begründung, dass er nicht gewusst habe, wo er Schwerpunkte setzten soll und wie eine geeignete Struktur aussieht. Frau Unterstadt holt daraufhin eine Checkliste aus Ihrer Tasche und legt Sie auf den Tisch mit dem Vorschlag die Fragen nach und nach gemeinsam durchzugehen und die nächsten Arbeitsschritte zu besprechen.

---

1. Teil: Projektidee und inhaltliches Konzept:

- Zu welchem Thema wollen Sie ein Projekt machen?
- Welchen Bedarf gibt es?
- Was ist Ziel beziehungsweise das Ergebnis des Projekts?
- Welche Zielgruppe hat das Projekt?
- Welche Aufgaben und Schritte sollen in dem Projekt erfolgen?
- Wer soll an dem Projekt beteiligt werden?
- Welchen Zeitumfang soll das Projekt haben?

2. Teil: Kosten- und Finanzierungsplan:

- Welche Personal- und Sachmittel benötigen Sie für die Durchführung?
- Wie hoch sind die Kosten für die benötigten Personal- und Sachmittel (auch kalkulatorisch)?
- Welche Finanzierungsmittel stehen zur Verfügung?
- Wie hoch sind der Fehlbetrag beziehungsweise die Zuschusshöhe und der Interventionssatz?
- Was kann am Konzept verändert werden, um die Kosten zu verringern oder den Interventionssatz zu verändern?

Abb. 46: Checkliste für die Beantragung von Zuschussmitteln

Paulina Unterstadt: Am besten schauen wir uns erst einmal den ersten Teil der Checkliste an. Beginnen wir mit den Fragen zur Projektidee und dem inhaltlichen Konzept. Das Thema haben Sie mir bereits beschrieben. Können Sie den Bedarf quantitativ beschreiben? Sie haben bis jetzt von Ihren Erfahrungen gesprochen. Wenn Sie Finanzgeber suchen, sollten Sie den

Bedarf genau definieren können. Dazu gehört es, dass Sie Zahlen und Fakten aus Ihrer Region kennen und vorlegen können.

Friedrich Gans: Von der Schule unseres Trägers kann ich die Zahl der Schulabgänger nennen, aber von anderen Schulen habe ich keine Zahlen. Und dann weiß ich natürlich nicht welche Schulabgänger in anderen Angeboten des Landkreises unterkommen. Da wartet viel Recherchearbeit auf mich.

Paulina Unterstadt: Leider werden Sie um diese Arbeit nicht herumkommen. Nur wenn Sie wissen welcher Bedarf tatsächlich besteht, können Sie ihr Konzept inhaltlich darauf ausrichten und möglichen Finanzgebern gegenüber kommunizieren. Sie müssen dafür nicht alle Daten selbst erheben. Fragen Sie bei anderen Trägern und öffentlichen Stellen nach, ob dort schon Zahlen erhoben wurden, die Ihnen zur Verfügung gestellt werden können. Die Analyse sollte dabei aber so konkret wie möglich sein. Das heißt die Zahl der Schulabgänger ohne Abschluss reicht nicht aus. Berücksichtigen Sie ferner die Verteilung zwischen Jungen und Mädchen, den Zeitpunkt des Abbruchs, die Vermittlung in andere Angebote, oder Ähnliches. Darauf aufbauend können Sie dann das Ziel des Projekts formulieren.

Friedrich Gans: Okay, ich glaube ich habe verstanden, welche Aufgaben ich zur Ermittlung des Bedarfs erfüllen muss. Aber das Ziel ist doch klar. Ich will eine neue Methode als Alternative zur klassischen Schulbildung anbieten.

Paulina Unterstadt: Für die Erarbeitung einer guten Konzeption und mit Blick auf den Kosten- und Finanzierungsplan reicht dieses Ziel nicht aus. Was wollen Sie denn mit dieser neuen Methode erreichen?

Friedrich Gans: Durch das Angebot sollen Kinder- und Jugendliche, die aus den unterschiedlichsten Gründen keine Regelschule besuchen, auf das Berufsleben vorbereitet werden.

Paulina Unterstadt: Das ist schon etwas konkreter, aber bei der Formulierung von Zielen sollten Sie darauf achten, dass diese gewisse Regeln befolgen. Ich habe da etwas für Sie, damit Ihre Ziele zukünftig „smarter" sind:

„Smarte" Ziele		
S	=	Speziell
M	=	Messbar
A	=	Aktuell
R	=	Realistisch
T	=	Terminiert

Abb. 47: „Smarte" Ziele

Friedrich Gans: Das ist ja ein super Spickzettel für die Zukunft. Also wenn ich mir das jetzt für das Projekt überlege, bedeutet das, dass ich mein Ziel noch überarbeiten muss.

Paulina Unterstadt: Das Kriterium der Spezialität erreichen Sie beispielsweise, wenn Sie sich auf die Besonderheiten Ihrer Region oder einer bestimmten Gruppe von Kinder und Jugendlichen beziehen. Für die Finanzgeber ist die Messbarkeit und die Aktualität des Ziels ganz wichtig, um überprüfen zu können, ob das Ziel erreicht wurde und damit die Mittel in aktuelle Problembereiche fließen. In ihrem Fall könnte eine besondere Form des Abschlusses ein messbares Ziel darstellen. Überlegen Sie sich die Ziele für Ihr Thema noch einmal in Ruhe nach unserem Gespräch.

Friedrich Gans: Das werde ich tun.

Paulina Unterstadt: Wenn Sie die Ziele definiert haben, wird es Ihnen leichter Fallen die Zielgruppe zu beschreiben. Vergessen Sie dabei nicht, dass die Zielgruppe zu Ihrem Bedarf passen sollte.

Friedrich Gans: Puh, die Arbeit wird immer mehr, aber ich freue mich darauf, all meine Ideen ordentlich zusammenzufassen. Zu den nächsten drei Punkten der Checkliste habe ich schon ganz konkrete Ideen. Die Aufgabe des Projekts wird es sein, mit den Jugendlichen konkrete Produkte herzustellen und bei der Herstellung das notwendige Wissen zu vermitteln. Ich glaube daran, dass die Berechnung von Umfang und Volumen für die betroffenen Jugendlichen viel leichter ist, wenn ich das anhand eines Schranks erklären kann, den wir zusammen bauen. Aber bevor ich jetzt ins Detail gehe, werde ich die Aufgaben und Schritte einmal schriftlich beschreiben und sortieren. Dabei werde ich darauf achten, dass ich die beteiligten Personen bei den jeweiligen Aufgaben gleich nenne. Für die Vermittlung in ein Ausbildungsverhältnis würde ich gerne einen Bekannten von der Handwerkskammer einbinden.

Paulina Unterstadt: Das hört sich viel versprechend an. Haben Sie sich auch schon Gedanken zum Zeitumfang des Projekts gemacht?

Friedrich Gans: Eigentlich würde ich gerne gleich loslegen und ein dauerhaftes Angebot schaffen, aber Sie haben ja bereits am Telefon gesagt, dass die größeren Hoffnungen auf eine Finanzierung bestehen, wenn ich mein Idee erst einmal als Projekt für ein oder zwei Jahre aufbaue. Wenn ich das mache, möchte ich mich aber trotzdem nicht an das Schuljahr binden, da für die Kinder- und Jugendlichen das ganze Jahr über die Möglichkeit bestehen soll in das Projekt einzusteigen. Ich werde mir aufgrund dieses Gesprächs noch mal viel Zeit für das Konzept nehmen. Wenn ich dieses fertig habe, kann ich sicher leichter nach Finanzierungsmöglichkeiten suchen.

Paulina Unterstadt: Das ist ein sehr vernünftiges Vorgehen. Erst wenn das Konzept auf den Grundlagen des ersten Teils der Checkliste aufgebaut ist, kann ein konkreter Kosten- und Finanzierungsplan erarbeitet werden. Trotzdem sollten Sie schon bei der inhaltlichen Gestaltung einige Dinge über Kosten- und Finanzierungspläne wissen, damit Sie diese frühzeitig berücksichtigen können. Außerdem sollten Sie so früh wie möglich nach Finanzgebern schauen. Auch wenn noch kein konkreter Kosten- und Finanzierungsplan vorliegt, können Sie ermitteln, ob es Fördermöglichkeiten durch die Kommune, das Land oder die Europäische Union für ihr Thema gibt. Wenn Sie bereits einen Finanzgeber im Kopf haben, richten Sie die Schwerpunkte schon im Konzept darauf aus. Ich kann mir bei Ihrem Thema vorstellen, dass bestimmte Zuschussgeber die Einbindung von Kinder und Jugendlichen mit Migrationshintergrund verlangen. Sie sollten dann für diese Zielgruppe spezielle Schritte im Projekt integrieren.

Friedrich Gans: Können Sie mir einen Tipp für die Suche nach Finanzgebern geben?

Paulina Unterstadt: Grundsätzlich lohnt es sich in alle Richtungen zu schauen. Projekte werden durch die Kommunen, das Land, den Bund, die Europäische Union und Förderstiftungen gefördert. Bei der Suche nach Finanzgebern versuchen Sie diese emotional zu berühren und den objektiven Bedarf zu einem subjektiven Problem zu machen. Das Wissen über eine bestimmte Problematik reicht häufig nicht aus, um Menschen zum Handeln zu bewegen. Bei den Schulabgängern sollten Sie die Personen oder Organisationen ansprechen, die von den Folgen betroffen sind. Das kann beispielsweise das Jugendamt sein, da in diesen Fällen eine erhöhte Anzahl an Erziehungshilfen beantragt wird. Das kann aber auch die Kommune sein, die ein Interesse daran hat, dass die Jugendlichen tagsüber nicht auf öffentlichen Plätzen rumlungern und andere Bürger und Touristen belästigen. Außerdem fühlen sich vielleicht die Betriebe aus der Region betroffen, wenn die Auszubildenden nicht ausreichende Qualifikationen mitbringen. Für europäische Zuschussgeber stehen derzeit die Stärkung des ländlichen Raums und der Abbau von Unterschieden bei Wohlstand und Lebensstandard in den Mitgliedstaaten und Regionen der EU im Vordergrund. Auch hier können Sie Interesse wecken, wenn Sie beispielsweise mit ihrem Projekt erreichen, dass der Übergang von Schule in Beruf verbessert wird. Überlegen Sie in alle Richtungen, wer außer Ihnen ein Interesse an dem Ziel Ihres Projektes hat und sprechen Sie mit diesen Menschen, um sie von Ihrer Idee zu begeistern und um ihre Unterstützung zu bitten.

Paulina Unterstadt: Lassen Sie uns auch zum zweiten Teil der Checkliste kommen:

---

2. Teil: Kosten- und Finanzierungsplan:

• Welche Personal- und Sachmittel benötigen Sie für die Durchführung?

• Wie hoch sind die Kosten für die benötigten Personal- und Sachmittel (auch kalkulatorisch)?

• Welche Finanzierungsmittel stehen zur Verfügung?

• Wie hoch sind der Fehlbetrag beziehungsweise die Zuschusshöhe und der Interventionssatz?

• Was kann am Konzept verändert werden, um die Kosten zu verringern oder den Interventionssatz zu verändern?

Abb. 48: Leitfragen zum Kosten- und Finanzierungsplan

Paulina Unterstadt: Für die Erarbeitung des Kosten- und Finanzierungsplans sollten Sie als Erstes eine Aufstellung machen, welche Personal- und Sachmittel Sie benötigen, um das Konzept umzusetzen. Denken Sie dabei an alle Kosten, die durch das Projekt verursacht werden.

Friedrich Gans: Haben Sie dafür ein Beispiel?

Paulina Unterstadt: Hier haben Sie eine mögliche Aufstellung für die Positionen in einem Kostenplan:

Kosten- und Finanzierungsplan	
Kostenarten	**Erläuterung**
Personalaufwendungen	
Lohn und Gehalt	je nach anteiliger Beschäftigung im Projekt
Sozialabgaben	"
Altersversorgung	"
Sonderzahlungen (anteilig)	Weihnachtsgeld, Urlaubsgeld, etc.
Honorare	für Erledigung von Projektaufgaben
Reisekosten	für Honorarkräfte
Fortbildungskosten	für Personal und Honorarkräfte, Ehrenamtliche
Schutzkleidung	"
Gesundheitszeugnis	"
Berufsgenossenschaft	für Personal
…	
Sachaufwendungen	
Lebensmittel/Bewirtungskosten	für Teilnehmende am Projekt
Kosten für Unterkunft	"
Reisekosten	"
Fachliteratur	für Personal und Honorarkräfte, Ehrenamtliche
Betreuungsaufwand	für Teilnehmende am Projekt
Lehr- und Lernmittel	für Teilnehmende am Projekt
Fertigungsmaterial	bei Produktion
Büro- und Arbeitsmaterial	für Personal und Honorarkräfte, Ehrenamtliche
Publizitätskosten/Öffentlichkeitsarbeit	für Flyer, Websites, sonstige Veröffentlichungen

Porto und Telefon und Internet	anteilige Flat-Rate
sonstiger Verwaltungsaufwand	Bankgebühren, Software, bezogene Leistungen für Verwaltungsarbeiten
Energiekosten	Wasser, Strom, Gas
Betriebsausgaben für Fahrzeuge	Treibstoff, Instandhaltungen
Miete und Leasing	Räume, Kopierer, etc.
Nebenkosten/Bewirtschaftungskosten	bei Miete
sonstiger Wirtschaftsbedarf	Reinigungsmittel, Hausverbrauch, etc.
Steuern und Versicherungen	für Personal und Honorarkräfte, Ehrenamtliche für Teilnehmende am Projekt, Fahrzeuge, etc.
Kinderbetreuung	für Teilnehmende am Projekt
Ausstattung (Abschreibung)	Gegenstände zur Durchführung des Projekts (Beamer, etc.)
...	

Abb. 49: Beispiel Positionen des Kostenplans

Die Positionen können je nach Art des Projekts sehr unterschiedlich ausgestaltet sein. Folgende Dinge sollten Sie bei der Berechnung der Kosten beachten: Berücksichtigen Sie bei den Personalausgaben alle Personen, die direkt oder indirekt für das Projekt arbeiten. Neben der Projektleitung und den Projektmitarbeitern können Personalkosten für Kinderbetreuungspersonal, Reinigungskräfte, Geschäftführung, Buchhaltung, Lohnbuchhaltung oder das Sekretariat anfallen. Wenn die Mitarbeiter nicht voll im Projekt beschäftigt sind, müssen die Lohnkosten anteilig heruntergerechnet werden. Außerdem sollten Sie überprüfen, ob weitere Personalausgaben anfallen, die durch das Projekt verursacht werden. Einige Beispiel sind in der Liste enthalten.

Friedrich Gans: Die Reinigungskräfte in unserer Einrichtung kommen von einer Fremdfirma. Da ich die Personalaufwendungen nicht kenne, kann ich die Kosten nicht berücksichtigen.

Paulina Unterstadt: Sie haben Recht, dass diese Kosten in den Personalaufwendungen nicht berücksichtigt werden können. Fremdleistungen, auch genannt „bezogene Leistungen", können Sie aber in der Regel als Sachkosten im Projekt einplanen. So ist beispielsweise in der Liste die Position

Kinderbetreuung als Sachkostenposition aufgeführt, da Einrichtungen selten das Personal für Kinderbetreuung selbst beschäftigen, sondern die Leistungen bei anderen Anbietern einkaufen.

Friedrich Gans: Ich denke die Berechnung der Sachkostenpositionen fällt mir leichter. Entweder ich habe in der Einrichtung Informationen über die Kosten für Fremdleistungen oder wenn ich die Leistungen noch nicht beziehe, könnte ich Angebote einholen, was dies kosten würde. Viele andere Positionen kann ich mit Hilfe von Teilnehmerzahlen hochrechnen, wenn ich zum Beispiel Erfahrungswerte über den Verbrauch von Lehrmittel je Teilnehmer oder Verpflegungskosten je Schulungstag habe. Unsicher bin ich mir beim Ausstattungsmaterial. Können Sie mir noch mal erklären, wie das mit der Abschreibung funktioniert?

Paulina Unterstadt: Das mache ich gerne. Grundsätzliche müssen Sie entscheiden, ob der Gegenstand dem Unternehmen dauerhaft zur Verfügung steht oder verbraucht wird. Handelt es sich um Verbrauchsmaterialien setzten Sie den vollen Betrag an. Wenn der Gegenstand abnutzbar ist, aber länger zur Verfügung steht, können Sie folgendes Prüfschema anwenden, um den entsprechenden Betrag für den Kostenplan zu berechnen. Übrigens bedeutet das Wort „AfA" Absetzung für Abnutzung und die jeweilige Dauer der Abschreibung für die unterschiedlichen Anlagengüter kann ganz einfach über das Internet ermittelt werden.

Ermittlung der Bemessungsgrundlage

Die tatsächliche Anschaffungs- beziehungsweise Herstellungskosten bilden die Bemessungsgrundlage für die AfA. Anschaffungskosten sind Aufwendungen, die geleistet werden um einen Vermögensgegenstand zu erwerben sowie die Anschaffungsnebenkosten. Zudem gehören alle Aufwendungen dazu, die mit der Versetzung des Vermögensgegenstandes in einen betriebsbereiten Zustand entstehen und diesem einzeln zugeordnet werden können.

Bestimmung der betriebsgewöhnlichen Nutzungsdauer

Dies ist die übliche Nutzungsdauer des Wirtschaftsgutes in dem Betrieb, in dem es tatsächlich genutzt wird. Die betriebsgewöhnliche Nutzungsdauer ist in den meisten Fällen in den so genannten AfA-Tabellen festgelegt.

Berechnung der AfA

Im Sinne der linearen Methode werden Anschaffungs- beziehungsweise Herstellungskosten in gleichen Jahresbeträgen auf die betriebsgewöhnliche Nutzungsdauer verteilt.

Beispiel: Kauf eines Autos für 24.000 €

Nutzungsdauer : 6 Jahre

Lineare Abschreibung pro Jahr 4.000 €

Berechnung der AfA im Projektzeitraum

Wenn der Gegenstand nicht ein volles Jahr genutzt wird muss die Berechnung grundsätzlich zeitanteilig, auf volle Monate gerundet, berechnet werden.

Beispiel: Lineare Abschreibung für das Auto pro Jahr 4.000 €

Projektbeginn: zum 01.10.

Abschreibung für drei Monate sind 1.000 €

Abb. 50: Berechnung von Abschreibungswerten

Neben dieser grundsätzlichen Anwendung kann der Gesetzgeber Vereinfachungsregelungen bestimmen. Derzeit gilt, dass geringwertige Wirtschaftsgüter (GWG) zwischen 150 € oder 410 € und 1000 € auf 5 Jahre abgeschrieben und in einem Pool gesammelt werden dürfen. Unter einem Wert von 150 € beziehungsweise 410 € pro einzeln nutzbarem Gegenstand darf dieser sofort mit den vollen Kosten berücksichtigt werden. Bitte beachten Sie aber, dass sich diese Regelungen immer wieder ändern können.

Friedrich Gans: Okay, wenn ich die Kosten des Projekts bestimmt habe, weiß ich aber immer noch nicht, wie ich das finanzieren soll.

Paulina Unterstadt: Noch eine Anmerkung zur Kostenseite: Bei der Aufstellung müssen Sie immer unterscheiden für wen der Kosten- und Finanzierungsplan erarbeitet wird. Grundsätzlich werden sich die Kosten- und Finanzierungspläne für interne Personen von den Kosten- und Finanzierungsplänen für Externe unterscheiden. Bei einer internen Kalkulation müssen Sie immer alle Kosten, die durch das Projekt verursacht werden in korrekter Höhe berücksichtigen. Bei der Aufstellung von Kosten- und Finanzierungspläne für Externe gibt es aber häufig Vorgaben, die Sie beachten müssen. Beispielsweise werden bestimmte Kostenarten nicht oder nur bis zu einer bestimmten Höhe bezuschusst. Außerdem kann es sein, dass die Verwaltungs- oder Gemeinkosten als Pauschale erstattet werden. Das hat den Vorteil dass Sie diese Kosten nicht mit Hilfe von Kostenverteilungsschlüsseln (Zum Beispiel Miete = Quadratmeter; Büromaterial = Teilnehmer-Zahl) anteilig für das Projekt berechnen müssen, sondern für diese Kosten einen prozentualen Betrag von den Gesamtkosten erhalten. Dieser Prozentsatz kann sehr unterschiedlich sein. In jedem Fall muss geprüft werden welche Kosten damit erstattet werden. Und damit sind wir dann auch endlich auf der Finanzierungsseite.

Friedrich Gans: Ich gehe davon aus, dass wir für die Besprechung der Finanzseite auch noch einige Zeit brauchen. Kann ich Ihnen noch einen Kaffee anbieten?

Frau Unterstadt nimmt das Angebot gerne an und Herr Gans besorgt frischen Kaffee.

Paulina Unterstadt: Herzlichen Dank für die Stärkung. Ich werde Ihnen jetzt nicht eine vollständige Finanzierung für all ihre Ideen bieten können, aber grundsätzlich gibt es neben den Finanzmitteln aus dem eigenem Unternehmen (Eigenmittel), Mittel aus öffentlichen Quellen. Dabei können Mittel der Kommune, des Landes, des Bundes und der Europäischen Union unterschieden werden. Um innovative Ideen zu finanzieren bietet es sich in der Regel an, Mittel aus unterschiedlichen Töpfen zu nutzen. Dies hat den Vorteil, dass das Projektrisiko auf mehrere Finanzgeber vereilt wird. Außerdem können zusätzlich private Mittel von Spendern, Sponsoren und Stiftungen herangezogen werden.

Friedrich Gans: Wie funktioniert das in der Praxis, wenn ich bei mehreren Stellen Geld beantrage?

Paulina Unterstadt: Die Finanzgeber sind in der Regel selbst nur zu einer Teilfinanzierung bereit und haben aus diesem Grund die Antragsformulare entsprechend gestaltet. In der Regel geben Sie bei den Anträgen an, wie die Gesamtfinanzierung aussehen soll. Das heißt bei wem Sie welche Mittel beantragt haben. Das kann beispielsweise so aussehen:

Kostenarten	Euro
Erträge	
Eigenmittel	- €
Erträge aus Leistungen	- €
Erstattungen und sonstige Erträge	- €
Mittel der Kommune	50.000,00 €
Mittel des Landes	- €
Mittel des Bundes	- €
Mittel der EU	- €
Mittel von privaten Dritten	5.000,00 €
beantragte Projektzuschüsse	20.000,00 €
Summe Erträge	**75.000,00 €**
Interventionssatz (Anteil der Förderung an Gesamtkosten)	26,7 %

Abb. 51: Beispiel Positionen Finanzplan

In diesem Beispiel müssen Projektkosten von insgesamt 75.000 € finanziert werden. Wenn Sie private Mittel generieren können, sollten Sie diese auf jeden Fall einsetzen. Beispielsweise stellt Ihnen ein regionales Unternehmen ein Fahrzeug zur Verfügung. Da die Kosten für das Fahrzeug im Kostenplan erhalten sein sollten, können Sie auch die Finanzierung hier ansetzten. Dabei ist es unerheblich, ob ein tatsächlicher Geldfluss stattfindet oder Sachmittel zur Verfügung gestellt werden. Zur Finanzierung der übrigen 70.000 € können Sie dann beispielsweise Anträge bei der Kommune und einem Europäischem Fonds stellen. Bei welcher Institution Sie die Kostenübernahme beantragen, muss anhand der inhaltlichen Gestaltung des Projekts entschieden werden.

Friedrich Gans: Können Sie dies genauer erläutern?

Paulina Unterstadt: Natürlich. Die größten Erfolgschancen auf einen Finanzierung haben Sie, wenn bei den Kostenträgern ein subjektiver Problemdruck vorhanden ist. In Ihrem Fall könnte die Kommune eventuell einen Handlungsbedarf für sich selbst sehen, da Jugendliche ohne Ausbildung der Kommune langfristige Kosten verursachen. Ich möchte dies hier aber nicht als eine leichte Aufgabe darstellen. Die Überzeugung der Kommune von ihrer Idee ist mit viel emotionaler Beziehungsarbeit verbunden und eine der schwersten Aufgaben, wenn Sie Geld haben möchten. In jedem Fall sollten Sie darauf achten, dass Sie bei den einzelnen Finanzgebern jeweils die Kostenübernahme beantragen, welche durch diese gefördert wird. So könnte dies in Ihrem Fall bedeuten, die Übernahme der Personalkosten bei der Kommune zu beantragen und für die Übernahme der Sachkosten einen weiteren Kostenträger zu suchen, der diese Kostenarten ausdrücklich fördert.

Friedrich Gans: Und was mache ich, wenn ich den Antrag bei einem Kostenträger bewilligt bekomme, aber ein anderer Kostenträger absagt?

Paulina Unterstadt: In diesem Fall sollten Sie an erster Stelle überprüfen, ob die Bewilligung des zweiten Antrags an eine Kostenzusage der anderen Finanzgeber geknüpft ist. Häufig werden Mittel nur dann bewilligt, wenn alle anderen Kostenträger ebenfalls zustimmen. Sollte dies der Fall sein, ist mit dieser einen Absage im Schlimmsten Fall die gesamte Finanzierung geplatzt. Wenn diese Bedingung nicht gemacht wurde, müssen Sie für die wegfallenden Mittel einen neuen Kostenträger suchen oder den Projektantrag verändern. Dabei müssen Sie immer darauf achten, dass die Bestimmungen zu einem möglichem Interventionssatz eingehalten werden.

Friedrich Gans: Was heißt Interventionssatz?

Paulina Unterstadt: Der Interventionssatz gibt den Anteil der beantragten Fördermittel beziehungsweise der Zuschusshöhe an der Gesamtsumme an. Im Beispiel oben liegt der Interventionssatz für die beantragten Mittel von 20.000 € bei einem Gesamtvolumen von 75.000 € bei 26,7 %. Dieser Wert ändert sich sobald die Gesamtsumme verändert wird. Noch mal zurück zu dem zur Verfügung gestellten Fahrzeug: Jetzt wo Sie die Bedeutung des Interventionssatzes kennen, können Sie sehen, dass sich der Interventionssatz auch durch die Berücksichtigung dieser kalkulatorischen Werte ohne Geldfluss verändert und diese Kosten somit eine herausragende Bedeutung haben. In unserem Beispiel liegt der Interventionssatz ohne die 5.000 € aus Privatmitteln dann bei 28,6 %, da die 20.000 € Fördersumme jetzt nur noch durch 70.000 € Gesamtsumme geteilt werden.

Friedrich Gans: Das ist gut zu wissen. Ich werde zukünftig darauf achten, ob der potentielle Finanzgeber Angaben zum Interventionssatz macht und welche kalkulatorischen Kosten und Finanzmittel angesetzt werden können um den Interventionssatz zu ändern.

Paulina Unterstadt: Ich habe noch eine Anmerkung zur Finanzierungsseite. Wenn es nicht ausdrücklich gefordert ist, sollten Sie bei der Antragstellung keine Eigenmittel einplanen. In den meisten Fällen fallen rund um das Projekt Kosten an, die Sie nicht bezuschusst bekommen, die generell aus Eigenmitteln finanziert werden müssen. Dazu gehören auch unsere jetzigen Vorarbeiten bis zum Projektstart. Sobald Sie konkrete Eigenmittel einplanen, gibt es in der Regel eine Verpflichtung diese auch später ohne Berücksichtigung des Verlaufs im Projekt einzusetzen.

Friedrich Gans: Das waren eine ganze Menge guter Tipps und ich sehe viel Arbeit auf mich zukommen.

Paulina Unterstadt: In der Praxis bedeutet die Durchführung von Projekten immer zusätzliche Arbeit im inhaltlichen sowie im Verwaltungsbereich. Allerdings bedeutet es auch, dass Sie mit diesen zusätzlichen Mitteln innovative Ideen finanzieren können, die ein festes Leistungsangebot ihres Unternehmens werden und damit langfristig die Existenz sichern können. Es freut mich, wenn Sie sich davon nicht abschrecken lassen und die Ärmel hochkrempeln. Ich wünsche Ihnen viel Glück für die Suche nach Geldgebern sowie die konkrete Durchführung des Projekts. Sie können mich gerne anrufen, wenn Sie noch Fragen haben.

Friedrich Gans: Danke, das mach ich gern. Ich bringe Sie zur Tür.

2.2 PRIVATE FINANZGEBER

Private Finanzgeber	
Kapitelbezeichnung	**Zentrale Fragen dieses Kapitels**
Private Innenfinan-zierung	Was sind Spenden? Wie können Spendenmittel und Spenderwerbung analysiert werden? Welche Formen der Spenderwerbung gibt es? Was versteht man unter Sponsoring? Welche Ziele hat Sponsoring im Sozialbereich? Wie können Mittel von Förderstiftungen erhalten werden? Welche Mittel gibt es von Leistungsempfängern? Welche Vorteile haben Kundenanzahlungen? Welche sonstigen privaten Finanzierungen gibt es?
Außenfinanzierung durch Banken	Welche kurzfristigen Kredite von Banken gibt es? Was ist unter einem Bankenrating zu verstehen?
Außenfinanzierung durch Lieferanten	Wie können Lieferanten als Finanzgeber auftreten?
Außenfinanzierung durch Investoren	Welche Modelle des Public-Private-Partnership gibt es? Welche Gründe für PPP gibt es? Wie funktioniert Leasing? Wie unterscheiden sich Operate- und Finance-Leasing? Wann nutzen soziale Unternehmen Finance-Leasing? Was ist Factoring? Welche Vorteile hat das Factoring für Sozialunter-nehmen?

Private Mittel stellen für Sozialunternehmen keine Regelfinanzierung dar und es besteht kein Rechtsanspruch auf diese Leistungen. Die Finanzierung mit diesen Mitteln sollte daher nicht für Regelangebote genutzt werden. Vielmehr geht es darum, über private Mittel zusätzliche Leistungen, die nicht öffentlich gefördert werden, zu finanzieren.

2.2.1 Private Innenfinanzierung

Zu den privaten Finanzgebern gehören alle privaten Personen und Organisationen, die dem Sozialunternehmen Geld- oder Sachleistungen zur Verfügung stellen. Da es für die Sozialunternehmen keinen rechtlichen Anspruch auf diese Leistungen gibt, müssen diese Mittel mit Hilfe von Fundraising beschafft werden.

Das Wort **Fundraising** kommt aus dem amerikanischen und setzt sich zusammen aus den Worten ‚fund' und ‚to raise'. Im deutschen bedeutet dies ‚Geld, Kapital' oder ‚etwas aufbringen'. Aus dem Wortstamm heraus können unter dem Begriff Fundraising alle Aktivitäten der Mittelbeschaffung für Nonprofit-Organisationen verstanden werden. Dies bedeutet, dass grundsätzliche alle Finanzierungsmittel mit Hilfe des Fundraising akquiriert werden können. In der Praxis handelt es sich in den meisten Fällen um „die Beschaffung von Finanzmitteln, und zwar vor allen Dingen für Mittel, die nicht nach klaren Förderkriterien vergeben werden und nicht regelmäßig fließen" (Haibach (2006), S. 19). Die Fundraising-Akademie in Frankfurt nennt als Bestandteile des Fundraising das Einwerben von Spenden, Sponsoringmitteln, Stiftungsförderungen, Bußgeldern und anderen Fördermitteln (vgl. Fundraising Akademie (2008), S. 89).

2.2.1.1 Spendenmittel

Spenden sind „freiwillige Leistungen, die ohne Gegenleistung, aber i.d.R. mit einer gewissen Zweckbindung gegeben werden" (Gabler (2000), S. 2832).

Spenden zur Förderung gemeinnütziger Zwecke sind als Sonderausgaben lohnsteuerabzugsfähig. Die Voraussetzungen und die Höhe der Abzugsfähigkeit sind im Körperschaftssteuergesetz und Einkommenssteuergesetz geregelt.[5] Damit der Spender die Geld- oder Sachspende absetzen kann, muss die gemeinnützige Organisation eine Spenden- beziehungsweise Zuwendungsbestätigung ausstellen. Durch das Gesetz zur weiteren Stärkung des bürgerschaftlichen Engagements haben sich Änderungen im Spendenrecht ergeben, die rückwirkend zum 1. Januar 2007 gelten. Das Bundesministerium für Finanzen hat Muster für Zuwendungsbestätigungen mit den erforderlichen Anpassungen veröffentlicht.

Spenden sollten nicht die Hauptfinanzierungsquelle des Unternehmens darstellen, da die Spendeneinnahmen nur in sehr geringem Ausmaß durch die eigene Leistungen beeinflusst werden können. Ein positives Unternehmensimage, interessante Projekte und ein gutes Fundraising können Spendeneinnahmen zwar fördern, aber die Entscheidungen über den Zeitpunkt und die Höhe der Spende liegen beim Spender. Unternehmensexterne Umweltbedingungen wie die gesellschaftliche Haltung gegenüber bestimmten Themen oder die wirtschaftliche Kraft potentieller Spender haben einen weit höheren Einfluss. Spendeneinnahmen sollten daher in die Finanzplanung des Unternehmens nur berücksichtigt werden, wenn dies unabdingbar ist (wie zum Beispiel bei der Hospizarbeit), aber auf keinen Fall zur Refinanzierung von Personalstellen genutzt werden. Die Bemühungen um Spenden sind trotzdem reizvoll, um über die eigentliche Leistungsgestaltung herausgehende Angebote finanzieren zu können. Über diesen Weg können individuelle Besonderheiten angeboten werden, welche beispielsweise die Inanspruchnahme der eigentlichen Leistungen fördert.

Gemeinnützige Organisationen müssen ein besonderes Augenmerk auf die Verwendung der Spendenmittel haben. In den Voraussetzungen für die Gemeinnützigkeit in § 55 Nr. 5 Abgabenordnung ist festgeschrieben, dass diese Mittel zeitnah verwendet werden müssen. Die zeitnahe Mittelverwendung ist gegeben, wenn die Mittel spätestens in dem auf den Zufluss folgenden Kalenderjahr oder Wirtschaftsjahr für die steuerbegünstigten Zwecke verwendet werden. Eine Verwendung besteht auch, wenn die Mittel für die Anschaffung oder Herstellung von Vermögensgegenständen, die satzungsgemäßen Zwecken dienen, verwendet werden. Der Anwendungserlass zur Abgabenordnung bestimmt, dass noch vorhandene Mittel

---

[5] Da die gesetzlichen Regelungen häufig geändert werden, wird hier auf eine Darstellung der Bedingungen verzichtet und der Leser gebeten diese in der jeweils gültigen Fassung der Gesetze nachzulesen.

am Ende eines Kalender- oder Wirtschaftsjahres in der Bilanz der Körperschaft dem Vermögen oder einer zulässigen Rücklage zugeordnet werden müssen, oder in einem gesonderten Ausweis als Mittel, die im zurückliegenden Jahr zugeflossen sind, kenntlich gemacht werden müssen. Im letzteren Fall ist die zeitnahe Mittelverwendung in einer Nebenrechnung, der so genannten Mittelverwendungsrechnung, nachzuweisen.

Frage: Wie können Spendenmittel und Spender analysiert werden?

Zu einer professionellen Spenderwerbung gehört die Analyse des Spendenmarktes sowie der Spenderdaten. Ziel der Analyse ist neben der Überprüfung der gesetzten Ziele, die Untersuchung des typischen Spenderverhaltens, um weitere Maßnahmen darauf aufzubauen.

Spendenanalyse	
Analyseform	**Fragestellung**
Personelle Analyse	Wie viele Spender spenden?
Kapitalanalyse	Wie viel Euro?
Projektanalyse	Für welches Projekt?
Zeitraumanalyse	In welchem Zeitraum?
Effektivitätsanalyse	Aufgrund welcher Maßnahme?

Abb. 52: Spendenanalyse

Die Effektivität einer Maßnahme kann mit Hilfe von Kennzahlen ausgewertet und verglichen werden:

1. ROI (Return on Investment):
$$\frac{\text{Summe der Einnahmen}}{\text{Kosten für Maßnahme}}$$

2. Response:
$$\frac{\text{Anzahl der Spendeneingänge}}{\text{Anzahl der Maßnahmeadressaten}}$$

3. Spendendurchschnitt:
$$\frac{\text{Summe der Einnahmen}}{\text{Anzahl der Einzahlungen}}$$

Frage: Welche Formen der Spendenwerbung gibt es?

Spenderwerbung ist auf sehr unterschiedlichen Wegen möglich. Eine Vielzahl von Spendenformen (Anlassspende, Patenschaft, Belegschaftsspende, Firmenspende, Sachspende) ist bekannt und erfolgreich.

Für die unterschiedlichen Spendenarten kann auf verschiedene Art und Weise geworben werden.

2.2.1.1.1 Mailings / Briefwerbung

Der klassische Weg der Spendengewinnung ist der Spenderbrief, Mailing genannt. Massen-Mailings werden insbesondere vor Weihnachten versendet, um bei vielen Menschen auf das eigene Anliegen aufmerksam zu machen. Häufig sind persönliche Briefe an potentielle Unterstützer erfolgreicher.

Der Erfolg des Mailing ist zudem von vielen Gestaltungsfaktoren abhängig:

1. Anrede und Adresse,
2. Briefstil,
3. Texteinstieg (Vorteile für den Leser),
4. Projektvorstellung (Erfahrung und Wissen),
5. Briefabschluss (Handlungsaufforderung und Dank),
6. Verpackung (Versandhülle, Absender, Frankierung),
7. Flyer (Projekt-, und oder Unternehmensbeschreibung),
8. Give away (Zugabe),
9. Reaktionselemente (Überweisungsformular, Antwortkarte)

(vgl. Damm/Klinger/Gregory/Lindacher (2007), S. 36ff).

Wie bei allen Fundraising-Aktivitäten ist eine Kalkulation der Spenderwerbung notwendig. Bei einem Mailing ist insbesondere die Kalkulation des Gewichts entscheidend, da dies ausschlaggebend für das Porto ist, welches den größten Kostenfaktor darstellt.

2.2.1.1.2 Online-Maßnahmen

Immer häufiger wird online für Spenden geworben. Grund hierfür ist, dass über das Internet eine Zielgruppe erreicht wird, die bisher kaum gespendet hat (vgl. Damm/Klinger/Gregory/Lindacher (2007), S. 57ff) und die Kosten im Vergleich zum Postversand geringer sind.

Die Festlegung der Zielgruppe sowie des Kommunikationsziels in einem Online-Konzept sind aber auch hier von oberster Bedeutung. Potentiellen Spendern sollten Informationen über die Bedarfslage, konkrete Projekte und Erfolge sowie Spendensumme und Informationen zur Steuerbegünstigung mitgeteilt werden. Diese Inhalte können über Websites mit Bildern und Graphiken, welche mit einem Spendenformular für Kreditkarte oder Lastschrift versehen sind, vermittelt werden. Um auf das Internetangebot aufmerksam zu machen, sollte diese ausreichend beworben werden, indem Eintragungen in Suchmaschinen erfolgen, Verlinkungen, Verweise auf eigenen Flyern und Schriften oder Veröffentlichungen von Verbänden oder Kooperationspartnern vorgenommen werden, oder konkrete Anzeigen für den Internetauftritt geschaltet werden.

Weitere Möglichkeit der Online-Spenderwerbung sind Emails an potentielle Spender, die ihre Organisation kennen und freiwillig bereit sind ihre Email-Adresse an sie weiterzugeben. Werbemails haben den Vorteil, dass keine Portokosten anfallen. Um eine hohe Spenderbereitschaft zu erreichen und die Adressaten nicht zu überhäufen, sollten die Email-Adressen in Gruppen beispielsweise nach Interessen, Berufen oder Region segmentiert und spezielle Texte versendet werden. Die Inhalte sollten dabei bestmöglich auf den Empfängerkreis zugeschnitten sein. Anhänge sollten möglichst vermieden werden, da diese aus Angst vor Viren kaum geöffnet werden. Newsletter mit interessanten und nützlichen Informationen können dabei helfen an Emailadressen von potentiellen Spendern zu gelangen und diese längerfristig an das Unternehmen zu binden.

Grundsätzlich können Spender online über zusätzliche Angebote gebunden werden. Diskussionsforen, Gästebücher, Gewinnspiele, Chat- und Downloadangebote oder ein Internetshop erhöhen den Zugriff auf das Internetangebot und damit die Kontaktfrequenz zu potentiellen Spendern.

Über **Spenderportale** werben mehrere Unternehmen gemeinsam für Spendenprojekte, so dass auch kleinere Unternehmen von einer funktionalen Technik, hohen Verfügbarkeit sowie leichter Teilhabe für den Spender profitieren können.

2.2.1.1.3 Lottereien und Tombolas

Mit Lottereien und Tombolas werden bei Veranstaltungen von sozialen Unternehmen gute Einnahmen erzielt. Bei einer Lotterie handelt es sich um die Verlosung von Geldgewinnen. Bei Tombolas werden Warengewinne verlost. Beide Formen sind genehmigungspflichtig.

Nicht-öffentliche Tombolas sind grundsätzlich lotteriesteuerfrei. Bei der Durchführung von maximal zwei öffentlichen Tombolas im Jahr besteht für gemeinnützige, mildtätige und kirchliche Zwecke bis zu einem Gesamtloswert von 38.000 € ebenfalls eine Steuerfreiheit.[6]

Der Erfolg einer Tombola ist in einem großen Ausmaß von der Attraktivität der Preise sowie dem Talent des Moderators abhängig. Sachpreise werden häufig von Firmen gespendet, welche die Veranstaltung für eigene Imagewerbung nutzen. Für die Sachspenden können zudem Zuwendungsbestätigungen ausgestellt werden.

2.2.1.1.4 Events

Mit Hilfe einer Veranstaltung lassen sich Öffentlichkeitsarbeit sowie Spenderpflege und Spendenwerbung verbinden. Eine höhere Attraktivität kann über die Beteiligung von prominenten Persönlichkeiten oder der zeitlichen Anbindung an Jahres- oder Gedenktage erreicht werden.[7]

Spendeneinnahmen können bei Veranstaltung neben der klassischen „Sammeldose" über Zusagen generiert werden. Die Besucher der Veranstaltung können aufgefordert werden, eine Spendenzusage auf die Visitenkarte oder ein vorgefertigtes Formular zu notieren und einzuwerfen. Nach

---

[6] Die Versteuerung von Lotterie- und Tombolaeinnahmen richtet sich nach dem Rennwett- und Lotteriegesetz (RennwLottG)

[7] 2010 ist das europäische Jahr gegen Armut und soziale Ausgrenzung

der Veranstaltung wird der Spender kontaktiert und um Überweisung des Betrags gebeten.

Bei Veranstaltungen ist die vorherige Kalkulation der Kosten und Einnahmen unbedingt notwendig, um zu gewährleisten, dass die Spendeneinnahme einen tatsächlichen Zugewinn darstellen und nicht die Veranstaltung selbst finanzieren.

2.2.1.1.5 Fördervereine / Förderkreise

Für bestimmte Projekte und Zwecke können Fördervereine gegründet werden (vgl. Damm/Klinger/Gregory/Lindacher (2007), S. 26ff). Im karitativen und diakonischen Bereich gibt es diese zum Beispiel zur Förderung von ehrenamtlichem Engagement im Umfeld von Sozialstationen.

In der Rechtsform des eingetragenen Vereins handelt es sich dabei um eigenständige juristische Personen, welche Mittel für andere Organisationen beschaffen. Eine Steuerbegünstigung ist aber nur dann gegeben, wenn der Empfänger der finanziellen Unterstützung selbst steuerbegünstigt ist. Die Spendensammlung über einen Förderverein empfiehlt sich dann, wenn die zu begünstigende Organisation selbst keine Mitglieder hat, wie dies bei GmbHs oder Stiftungen der Fall ist.

Wenn die Beiträge direkt als Spende an eine Mutterorganisation gehen und diese die Spendenbescheinigung ausstellt, genügt die Gründung eines Förderkreises. Die Rechtsform des eingetragenen Vereins ist dann nicht notwendig.

2.2.1.2 Mittel aus Sponsoring

„Sponsoring bedeutet die Planung, Organisation, Durchführung und Kontrolle sämtlicher Aktivitäten, die mit der Bereitstellung von Geld, Sachmitteln oder Dienstleistungen durch Unternehmen, zur Förderung von Personen und/oder Organisationen im sportlichen, kulturellen und/oder sozialen Bereich verbunden sind, um damit gleichzeitig Ziele der Unternehmenskommunikation zu erreichen" (Bruhn (2003), S. 5).

Das zentrale Element des Sponsoring ist demnach die Austauschbeziehung, welche durch die Bereitstellung von Geld-, Sach- oder Dienstleistungen (Zuwendung) für eine Gegenleistung, welche nicht kommerzieller Art sein muss, aber vertraglich vereinbart sein sollte, entsteht.

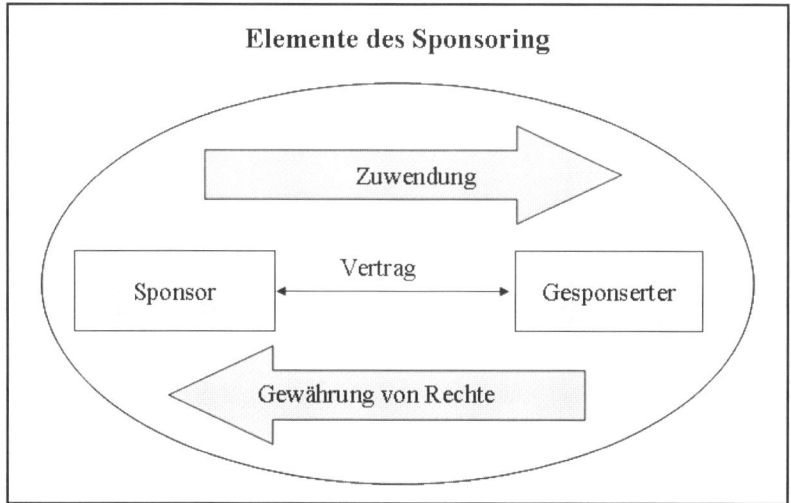

Abb. 53: Elemente des Sponsoring

Frage: Welche Ziele hat das Sponsoring?

Sponsoring hat neben den ökonomischen Zielen Kundenbindung, Neukundengewinnung, Ertragssteigerung und Umsatzsteigerung eine Vielzahl von kommunikativen Zielen für die Sponsoren:

- Verbesserung des Images,
- Steigerung der Bekanntheit,
- Kontaktpflege zu Kunden,
- Unterstützung der Mitarbeitermotivation,
- Aufbau von „Goodwill"[8].

Zur Erreichung dieser Ziele investieren Wirtschaftsunternehmen mehr als 15% des Kommunikationsbudgets in Sponsoringverträgen. 61% der Unternehmen investieren bereits in Soziosponsoring und die Bedeutung die-

---

[8] „Goodwill" steht für Guter Wille, Wohlwollen, geschäftliches Ansehens

ser Sponsoringform wird weiter als hoch eingeschätzt. Innerhalb des Sozialsponsorings profitieren derzeit Kinder- und Jugendeinrichtungen am stärksten (vgl. Untersuchung des Instituts für Marketing an der Universität der Bundeswehr München, Sponsoring-Trends 2008 auf http://www.Pleon.com).

Ergebnisse der Befragung Sponsoring Trends 2008

Wenn ihr Unternehmen Sponsoring betreibt,
welche Einrichtungen/ Organisationen sponsern Sie?

Einrichtungen für Kinder / Jugendliche	73 %
Karitative / Wohlfahrtsinstitutionen	62,4 %
Behinderteneinrichtungen	55,1 %
Rettungsdienste / Katastrophenschutz	36 %
Religiöse Einrichtungen/ Institutionen	28,7 %
Kranken-/Altenpflege	25,3 %
Politische Organisationen	5,6 %
Sonstiges	9,6 %

Abb. 54: Soziosponsoring

Insgesamt wird für das Public-Sponsoring in Deutschland (Sozio-, Öko- und Wissenschaftssponsoring) jährlich ein Budget von etwa 400.000.000 € ausgegeben (vgl. Untersuchung des Instituts für Marketing an der Universität der Bundeswehr München auf http://www.unibw.de). Ziel sozialer Unternehmen muss es sein, als Gesponserte diese Mittel zu generieren, um eigene ökonomische Ziele zu erreichen.

Für das gemeinnützige Sozialunternehmen besteht bei Sponsoring-Einnahmen grundsätzlich eine Steuerpflicht nach § 64 Abgabenordnung, da diese als Einkünfte aus Gewerbebetrieben in einem wirtschaftlichen Geschäftsbetrieb gelten. Von der Umsatzsteuerpflicht befreit sind aber nach § 19 Umsatzsteuergesetzt so genannte Kleinstunternehmen, deren Einnahmen eine bestimmte Grenze im laufenden und im Vorjahr nicht überschreiten.[9] Im Körperschafts- oder Gewerbesteuergesetz befinden sich ebenfalls Freibeträge für die keine Steuer anfallen. Um die Steuerbefreiung bis zu den Höchstbeträgen ausschöpfen zu können, kann mit dem Wirtschaftsunternehmen ein Spenden-Sponsoring-Mix vereinbart werden. Der Sponsor gibt dabei einen Teil der Förderung als Spende und einen Teil als Sponsoringleistung. Dabei muss aber beachtet werden, dass Sponsoring für viele Firmen interessant ist, weil es als Betriebsausgaben unbegrenzt abzugsfähig ist. Voraussetzung dafür ist, dass eine von der Firma selbst veranlasste und vom Gesponsorten unternommene Werbeleistung vorliegt, die in angemessenem Verhältnis zum Förderbetrag steht. Spenden sind nur bis zu einer bestimmten Obergrenze steuerlich abzugsfähig.

Wie bei allen privaten Mitteln muss kalkuliert werden, ob durch die Sponsoringeinnahmen ein Überschuss für das Unternehmen besteht. Dafür sollte auch hier ein Kosten- und Erlösplan erstellt werden, in dem insbesondere die Personalkosten für die Organisation des Sponsorings sowie die eingesetzten Sachkosten für die Gegenleistung berücksichtigt werden. Zudem sollte überprüft werden, ob durch die Sponsorenbeziehung mittel- und langfristig Spendeneinnahmen weg brechen können, wenn das Unternehmen vorher als Spender aufgetreten ist. Es muss sichergestellt werden, dass es sich um zusätzliche Einnahmen handelt.

2.2.1.3 Mittel von Förderstiftungen

Frage: Wie können Mittel von Förderstiftungen erhalten werden?

In diesem Kapitel werden nicht die Finanzierungsmöglichkeiten von Sozialunternehmen dargestellt, die selbst in der Rechtsform einer Stiftung bestehen. Vielmehr geht es darum andere Stiftungen für die Finanzierung eigener Projekte zu nutzen.

In Deutschland wächst die Anzahl der Stiftungen stetig. Das folgende Schaubild zeigt den Stiftungsbestand und die Neugründungen 2008 in Deutschland:

---

[9] Da die Grenzen vom Gesetzgeber verändert werden können, bitten wir Sie diese im jeweils aktuellen Gesetzestext nachzulesen. (§19 UStG)
2009: Vorjahr max. 17.500 €, laufendes Jahr 50.000 €

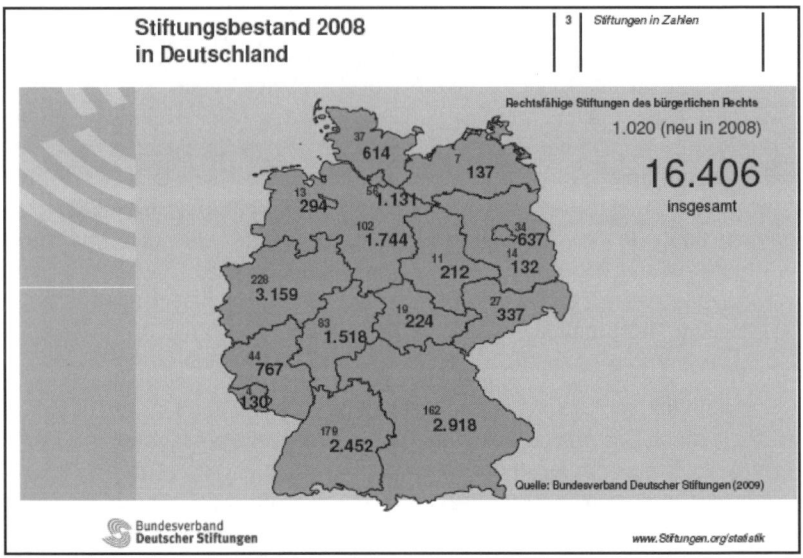

Abb. 55: Stiftungsbestand in Deutschland
aus www.stiftungen.org

Neben den über 16.000 rechtsfähigen Stiftungen des bürgerlichen Rechts gibt es mehrer zehntausend kirchliche und unselbständige Stiftungen. „Das besondere an Stiftungen ist, dass sie die gestifteten Summen nicht für ihre Zwecke ausgeben, sondern dem Kapital zuführen. Nur die Erträge (Zinsen) dieses Kapitals werden für den Stiftungszweck ausgeschüttet" (Damm/Klinger/Gregory/Linacher (2007), S. 235).

Bei der Suche nach Förderstiftungen ist die Klärung und Festlegung des Projektinhalts, des Zeitplans, der Sach- und Personalkostenaufwendungen, des Förderbedarfs sowie eventueller weiterer Partner unabdingbar. Die größte Erfolgsquote wird erreicht, wenn die Förderkriterien der Stiftungen vor Antragstellung ordentlich geprüft werden und Stiftungen in der eigenen Region bevorzugt werden. Die Antragstellung erfolgt nach den Richtlinien der jeweiligen Stiftung. Der Antragsform kann sehr unterschiedlich sein. Vom formlosen Brief bis hin zu umfangreichen Antragsformularen ist alles bekannt.

Welche Dinge bei der Beantragung beachtet werden sollten, sind in Kapitel 2.1.1.4 beschrieben.

Neben den Stiftungen können Fördermittel aus Förderfonds generiert werden. Diese haben die Aufgabe Spenden zu sammeln und die Mittel an Organisationen zu geben, die gemeinnützige Zwecke verfolgen, um beispielsweise Menschen in Not zu helfen. Die Rechtsform ist in der Regel ein Verein. Eine Vielzahl von Förderfonds wurde von der öffentlichen Hand oder den Kirchen errichtet und regelmäßig mit Steuermitteln ausgestattet (vgl. Damm/ Klinger/ Gregory/ Lindlacher (2007), S. 254).

2.2.1.4 Mittel von Leistungsempfängern

Frage: Welche Mittel gibt es von Leistungsempfängern?

Soziale Unternehmen verrichten neben den staatlichen Aufgaben der sozialen Vorsorge, Förderung und Hilfen eine Vielzahl von Dienstleistungen, welche der Leistungsempfänger aus eigenen Mitteln finanzieren muss. Zu diesen Leistungen gehören beispielsweise das Betreute Wohnen im Alter oder die Angebote eines Sozialkaufhauses.

Bei der Gestaltung des Preises gilt generell das Prinzip von Angebot und Nachfrage. Bei den Angeboten von Sozialunternehmen müssen weitere Faktoren berücksichtigt werden, die das Preis-Leistungsverhältnis bestimmen. Dies sind beispielsweise

- das Image der Einrichtung,
- die Qualität der Leistungen,
- die bauliche Ausstattung oder
- tarifliche Bestimmungen.

Grundsätzlich werden diese Leistungen nach der Erbringung dem Kunden in Rechnung gestellt und müssen in der Regel wettbewerbsfähig sein.

Frage: Welche Vorteile haben Kundenanzahlungen?

Bei einer Kundenanzahlung handelt es sich um Liquidität die der Organisation zufließt, bevor die eigentliche Leistung erbracht ist. Das bedeutet, dass die Organisation praktisch eine Art zinslosen Kredit bei dem Kunden erhält und damit die eigene Liquidität geschont wird. Vor allem kleinere Nonprofit-Organisationen sollten hier zugreifen, wenn sich die Gelegenheit bietet. Bei Handwerkern, die neben den eigentlichen handwerklichen

Leistungen als personenzentrierte Dienstleistungen zum Beispiel Heizungsbauer auch Sachgegenstände wie Heizkörper und Heizungen installieren, ist es mittlerweile üblich eine Kundenanzahlung zu verlangen. Im Nonprofit-Bereich erleben wir leider eher das andere Extrem, indem hier von Zuschussgebern erst nach einem Jahr oder noch später die Gelder für bereits erbrachte Leistungen fliesen.

2.2.1.5 Sonstige private Fördermittel

Zur Finanzierung sozialer Unternehmen können weitere private Mittel herangezogen werden. Zuschüsse aus Lotterien und Geldauflagen haben in den unterschiedlichen Hilfebereichen eine große Bedeutung für die Finanzierung des sozialen Unternehmens. Nicht zu unterschätzen ist zudem die Finanzierung einzelner Angebot durch „Zeitspenden von Freiwilligen". Auch wenn hier keine Gelder dem Unternehmen zufließen, werden die Projekte über den Zeiteinsatz der engagierten Personen finanziert.

Frage: Welche sonstigen privaten Finanzierungen gibt es?

2.2.1.5.1 Wettmittel / Lotterien

Die bekanntesten Wettmittel für soziale Unternehmen sind die ARD-Fernsehlotterie, die ZDF-Fernsehlotterie „Aktion Mensch" und die „GlücksSpirale". Darüber hinaus gibt es weitere Lotterien, die Zuschüsse zur Finanzierung sozialer Unternehmen geben. Um diese Mittel zu bekommen, müssen Anträge bei der jeweiligen Lotterie gestellt werden. Die Lotterien haben in der Regel konkrete Förderrichtlinien welche Vorhaben mit Zuschüssen unterstützt werden.

Die Beantragung von Lotteriemitteln ist nur dann Erfolg versprechend, wenn die Projekte in die Förderrichtlinie der Lotterie passen. Häufig ist die Mittelzuweisung auf bestimmt Personal- und/oder Sachkosten begrenzt oder eine bestimmte Förderhöhe beziehungsweise Förderbeteiligung festgelegt. Der Kosten- und Finanzierungsplan sollte auf diese Bedingungen abgestimmt und weitere Geldgeber mit einbezogen sein. Zudem werden Zuschüsse unter Umständen mit Auflagen belegt. Bei Finanzmitteln von Aktion Mensch und aus der GlücksSpirale werden die Anträge über den jeweiligen Spitzenverband gestellt.

Die Verwendung von Zuschüssen aus Lottereien ist an Verwendungsnachweise geknüpft. Dies bedeutet, dass die zweckentsprechende Verwendung der Geldmittel über Nachweise belegt werden muss. Neben dem Nachweis über Buchhaltungsbelege kann auch ein Sachbericht über die zweckentsprechende Verwendung gefordert sein. Grundsätzlich sollte darauf geachtet werden, ob Zuschüsse mit bestimmten Auflagen versehen sind.

Die bedeutendsten Auflagen sind:

1. Ein Zuschuss wird nur dann gewährt, wenn alle weiteren im Kosten- und Finanzierungsplan genannten Geldgeber der Förderung zustimmen und dadurch die Realisierung gewährleistet werden kann.

2. Ein Zuschuss für ein Gebäude (-teil) oder ein Fahrzeug ist mit einer bestimmten Nutzungsdauer verbunden. Sollte das Gebäude (teil) oder Fahrzeug nicht bis zum Ende der Nutzungsdauer für den vorgesehenen Zweck verwendet werden, ist unter Umständen die (teilweise) Rückzahlung der Zuschüsse notwendig.

Die Bedingungen zur Bewilligung und Verwendung von Zuschüssen aus Lotterien sind in den Richtlinien der jeweiligen Lotterie und dem Bewilligungsbescheid für das entsprechende Projekt zu entnehmen und sollten sorgfältig geprüft werden.

2.2.1.5.2 Geldauflagen / Bußgelder

Im deutschen Strafgesetzbuch, in der Strafprozessordnung, im Jugendgerichtsgesetz sowie bei der Bearbeitung von Steuerstrafsachen sind die Grundlagen für Geldauflagen zu Gunsten gemeinnütziger Einrichtungen verankert. Um von Geldbußen oder Geldstrafen von Privatpersonen oder Unternehmen zu profitieren, muss die Aufnahme in die Liste der gemeinnützigen Einrichtungen beantragt werden. Der Antrag für die Zuteilung von Geldauflagen aus Straf- und Ermittlungsverfahren muss beim Präsidenten des jeweiligen Landes- beziehungsweise Oberlandesgericht beantragt werden. Für Geldauflagen von Finanzämtern muss der Antrag an die zuständige Bußgeld- und Strafsachenstelle der Behörde gestellt werden. Alle zwei Jahre zum ersten Januar werden die Listen mit den möglichen Begünstigten neu zusammengestellt. Diese sind in der Regel sehr lang. Die Auswahl des Begünstigten für eine konkrete Zuteilung kann nur von den

Richtern, Staats- und Amtsanwälten selbst erfolgen und erfolgt nach Gutdünken der zuständigen Personen. Aus diesem Grund muss die Arbeit des Unternehmens den Richtern und Staatsanwälten bekannt sein. Häufig hilft es, mit diesen Personen direkt Kontakt aufzunehmen, um sie mit dem notwendigen knappen aber aussagekräftigen Informationsmaterial, vorgedruckten Überweisungsformularen mit dem Vermerk „gerichtliche Auflage" und Klebeetiketten zu versorgen.

Die größte Chance diese Mittel zu bekommen, haben so genannte justiznahe Dienstleistungen, da Projekte, die präventiv oder wiedereingliedernd tätig sind, eher bedacht werden. Zudem werden Einrichtungen aus dem eigenen Landgerichtsbezirk in der Regel bevorzugt. Wenn ein Kontakt zu einer zusprechenden Person besteht, kann dieser Person ein gezieltes Projekt vorgestellt und um Geldauflagen für diese Projekt geworben werden. Auch wenn umgangssprachlich von Bußgeldern (nur bei Ordnungswidrigkeiten) gesprochen wird, sollte gegenüber zusprechenden Richtern oder Staatsanwälten stets die korrekte Bezeichnung, in der Regel ‚Geldauflage', verwendet werden.

Die eingehenden Gelder müssen sorgfältig verwaltet werden, was einen gewissen Aufwand bedeutet. Da es sich bei Geldauflagen keinesfalls um Spenden handelt, für die Zuwendungsbestätigungen ausgestellt werden dürfen, sollte möglichst ein eigenes Konto für diese Zahlungen eingerichtet werden. Über eingehende und ausbleibende Zahlungen ist das jeweilige Gericht zu informieren und zu einem bestimmten Stichtag ist eine Aufstellungen über die Geldeingänge aus dem Vorjahr einzureichen. Zudem dürfen die Daten der zahlenden Personen nicht anderweitig verwendet werden und müssen nach Abschluss der häufigen Ratenzahlungen gelöscht werden.

2.2.1.5.3 Freiwilligendienste / Ehrenamt

Eine deutschlandweite mehrjährige Beobachtung im Auftrag des Bundesfamilienministeriums für die Jahre 1999 bis 2004 hat ergeben, dass die Bereitschaft zum freiwilligen Engagement groß ist.

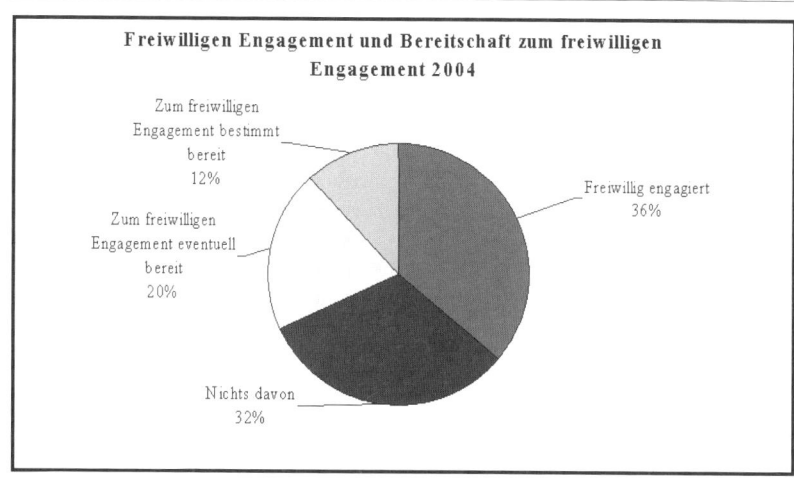

Abb. 56: Freiwilliges Engagement in Deutschland
Informationen aus www.bmfsfj.de

Das Engagement im sozialen Bereich hat von 1999 auf 2004 am stärksten zugenommen.

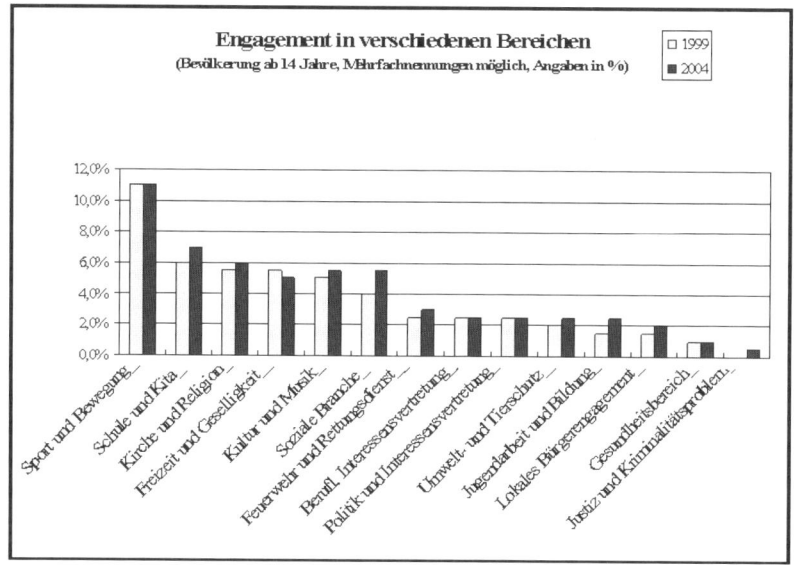

Abb. 57: Engagementbereich
Informationen aus www.bmfsfj.de

Die Mitarbeit von Ehrenamtlichen in sozialen Unternehmen schafft eine win/win-Situation. „Freiwillige berichten darüber, dass ihnen ihr Engagement einen hohen persönlichen „Ertrag" an positivem Lebensgefühl gewährt. Freiwilliges Engagement bereitet Spaß, führt Menschen zusammen und ermöglicht neue Erfahrungen" (BMFSFJ (2005), S. 16). Das Unternehmen profitiert nicht nur durch die „gespendete" Zeit, sondern zudem von den Kontakten zu Menschen aus der Region.

Freiwillige Personen können aus dem bestehenden Unterstützerkreis (Spender) aber auch über Freiwilligenagenturen angeworben werden. Um die engagierten Menschen an das Unternehmen zu binden, sollten folgende Gesichtspunkte beachtet werden:

1. Festlegung der inhaltlichen Arbeit und des zeitlichen Umfangs,

2. Bereitstellung von Arbeitsmitteln und eines angemessenen Arbeitsplatzes,

3. Ermöglichung der notwendigen Fortbildung,

4. Erstattung zwingend anfallender Auslagen und Spesen (zum Beispiel Fahrtgelder),

5. Versorgung mit ausreichend Versicherungsschutz,

6. Begleitung bei anspruchsvollen Aufgaben und

7. Wertschätzung der geleisteten Arbeit.

2.2.1.5.4 Kooperationen / Strategische Partnerschaften

Durch Kooperationen und strategische Partnerschaften kann die finanzielle Situation eines bestimmten Unternehmensbereichs verbessert werden. Kooperationspartner können beispielsweise andere soziale Unternehmen aus der Region, Ämter, Kirchen, Gewerkschaften, Volkshochschulen und Bildungswerke, Verbände oder Medien sein. Typisch für Kooperationen zwischen Partnern sind folgende Merkmale:

1. Freiwillige Zusammenarbeit,

2. gemeinsames Ziel,

3. rechtliche und in den nicht betroffenen Unternehmensbereichen auch wirtschaftliche Selbständigkeit,

4. Einbringung von Teilen der eigenen Aufgaben in die Kooperationspartnerschaft

(vgl. BMWA (2003), S. 5).

Gründe für eine Kooperation sind sehr unterschiedlich:

Gründe für Kooperationen
Mehrfachantworten der befragten Unternehmen in %

Kostensenkung	87 %
Bessere Bearbeitung bestehender Märkte	85 %
Erschließung neuer Kundengruppen	77 %
Anpassung an veränderte Kundenanforderungen	72 %
Know-how-Austausch	71 %
Erschließung neuer Märkte im Inland	67 %
Stärkung der Branchenposition	66 %
Zusammenschluss gegen Bedrohung durch Großunternehmen	50 %
Reduzierung des Einzelrisikos	50 %
Erschließung neuer Märkte im Ausland	42 %

Abb. 58: Gründe für Kooperationen
aus http://www.competence-research-centres.eu

2.2.2 Private Außenfinanzierung durch Banken

Banken finanzieren Sozialunternehmen von außen indem sie dem Unternehmen Mittel zur Verfügung stellen, welche im Eigentum der Bank bleiben und zurückgezahlt werden müssen. Die Art und Weise der Kreditvergabe ist unterschiedlich.

2.2.2.1 Kurzfristige Kreditarten

Welche kurzfristigen Kredite von Banken gibt es?

Der **Kontokorrentkredit** ist ein mit der Bank vertraglich fixierter Kredit über die Höhe der möglichen Überziehung des Girokontos. Nach § 355 Handelsgesetzbuch ist eine entsprechende Kreditzusage gegenüber Unternehmen von beiden Seiten jederzeit kündbar (vgl. Schneck (2007), S. 526). Diese Kreditform ist aus Sicht der kurzfristigen Liquiditätsteuerung von enormer Bedeutung für die Sozialunternehmen und zum Beispiel für die Realisierung von Skonti[10] maßgeblich. Allerdings sollte hier genau berechnet werden, ob die Inanspruchnahme des Kontokorrents oder besser die Auflösung eines Festgeld- oder Wertpapierkontos in Frage kommt. Zudem spielt der Kontokorrentkredit in finanziellen Krisen eine wesentliche Rolle. Da die Banken in der Regel ihren Gewinn maximieren wollen, sollte einer Ausweitung des Kreditvolumens im Kontokorrentkredit gegenüber einer langfristigen Kreditfinanzierung mit einer anderen Verzinsung und anderen Mitspracherechten wohl überlegt sein.

Als **Diskontkredit** wird ein Betrag bezeichnet, den eine Bank für die vorzeitige Einlösung eines Wechsels[11] zur Verfügung stellt. Die einlösende Organisation erhält den entsprechenden Betrag abzüglich des so genannten Diskonts. Der Diskont stellt die Zinsen für diese Dienstleistung dar. Die Höhe des Diskontkredits ist für den einzelnen Kunden begrenzt und kommt in der Diskontlinie zum Ausdruck, die von seiner Kreditwürdigkeit abhängt (vgl. Olfert/Reichel (2008), S. 311).

Der **Akzeptkredit** ist ein Wechselkredit der hauptsächlich im Außenhandel anzutreffen ist. Er entsteht dadurch, indem der Kunde eines Kreditinstituts den Wechsel auf das Kreditinstitut überträgt. Die Bank akzeptiert dabei den Wechsel ihres Kunden gegenüber einem dritten Gläubiger, zum Beispiel ein Lieferant des Kunden, und haftet dann für die Einlösung des Wechsels (vgl. Olfert/Reichel (2008), S. 315). Der Akzeptkredit wird sehr kreditwürdigen Unternehmen eingeräumt.

Der **Lombardkredit** ist eine kurzfristige Liquiditätshilfe und muss innerhalb von drei Monaten getilgt sein. Häufig wird er nur tageweise in Anspruch genommen. Es handelt sich dabei um eine Verpfändung von Wertpapieren, Waren, Wechseln und Forderungen oder Edelmetallen an ein Kreditinstitut. Die verpfändeten Güter werden jedoch nicht in voller Höhe ihres Wertes beliehen (vgl. Olfert/Reichel (2008), S. 323).

---

[10] Ein Skonto ist ein Preisnachlass auf den Rechnungsbetrag bei Zahlung innerhalb einer bestimmten Frist oder bei Barzahlung.
[11] Ein Wechsel ist ein Wertpapier mit unbedingter Zahlungsanweisung des Ausstellers an den Schuldner bei dem die Zahlung an den Aussteller oder einen Dritten zu einem bestimmten Zeitpunkt, an einem bestimmten Ort und mit einer bestimmten Geldsumme festgelegt wird.

Der **Avalkredit** ist ein Bürgschaftskredit. In diesem Falle kommt es zu keiner Geldübergabe. Das Unternehmen bürgt gegenüber einem Dritten, dass der Kreditnehmer seine Schulden bezahlen wird. Somit ist auch dieser Kredit in erster Linie dann denkbar, wenn der Kreditnehmer ein Handelsunternehmen führt.

2.2.2.2 Langfristige Kredite und Bewertung der Kreditwürdigkeit (Bankenrating)

Die langfristigen Kredite sind bereits in Kapitel 1.3.2.1 beschrieben. Darlehen, Anleihen und Schuldscheindarlehen können von Banken der Sozialunternehmen gewährt werden. Die Bedingungen für den Erhalt von langfristigem Fremdkapital richten sich nach der Bewertung des Sozialunternehmens im Hinblick auf dessen Bonität, welche im so genannten Rating bewertet wird.

Frage: Was ist unter einem Bankenrating zu verstehen?

Die Begriffe der Bonität und des Ratings sind eng miteinander verbunden. Aus diesem Grund sollen diese kurz definiert werden.

Bonität ist die „Fähigkeit bzw. Bereitschaft eines Kreditnachfragers, den aus dem Kreditgeschäft resultierenden Zins- und Tilgungsverpflichtungen nachzukommen (Kreditwürdigkeit). Kriterien der Bonitätseinschätzung sind neben der auf die jeweilige Person zugeschnittenen, allgemeinen Vertrauenswürdigkeit vor allem die rechtlichen und wirtschaftlichen Verhältnisse des Kreditnehmers. Festgestellten Bonitätsmängeln (SCHUFA) im Sinne eines Kreditausfallrisikos (Bonitätsrisiko) wird in abgestufter Weise vom Verlangen eines Zinsaufschlags (Risikoprämie) und von Kreditsicherheiten über die Forderung nach Garantien und Bürgschaften dritter Personen bis hin zur Kreditverweigerung begegnet" (Schneck (1993), S. 111).

Rating (engl. Einschätzung, Bewertung) wird wie folgt definiert:

„Rating ist die Bewertung des Staates oder eines Unternehmens nach seiner Bonität (Kreditwürdigkeit) auf Basis standardisierter qualitativer und quantitativer Kriterien. Dabei verdichtet es zahlreiche Informationsquellen zu einer einzigen Aussage. Die Klassifizierung reicht von AAA (allerbeste Bonität) bis D (schlechteste Bonität). Das Ergebnis des Rating-Prozesses ist die Grundlage zur Feststellung der Ausfallwahrscheinlichkeit, die wiederum in die Berechnung des Eigenkapitalerfordernisses für des Kreditrisiko einfließt" (Romeike (2004), S. 98).

Frage: Was sind die gesetzlichen Grundlagen für Eigenkapitalhinterlegungsvorschriften (Basel II)?

Aufgrund der zunehmenden Anzahl an Unternehmensinsolvenzen und den damit verbundenen Kreditausfällen bei Banken mussten Überlegungen angestellt werden, wie dieser Entwicklung begegnet werden kann. Dabei wurde die Hinterlegung der Kredite mit Eigenkapital zur Kreditsicherung diskutiert. Eine pauschale Eigenkapitalunterlegung allein deckt das Kreditausfallrisiko in den heutigen Strukturen nicht mehr ab. Um hier Abhilfe zu schaffen, wurden Neuregelungen der Eigenkapitalhinterlegung vom Gesetzgeber beschlossen (Basel II). Dieses beruht auf dem Drei-Säulen-Konzept.

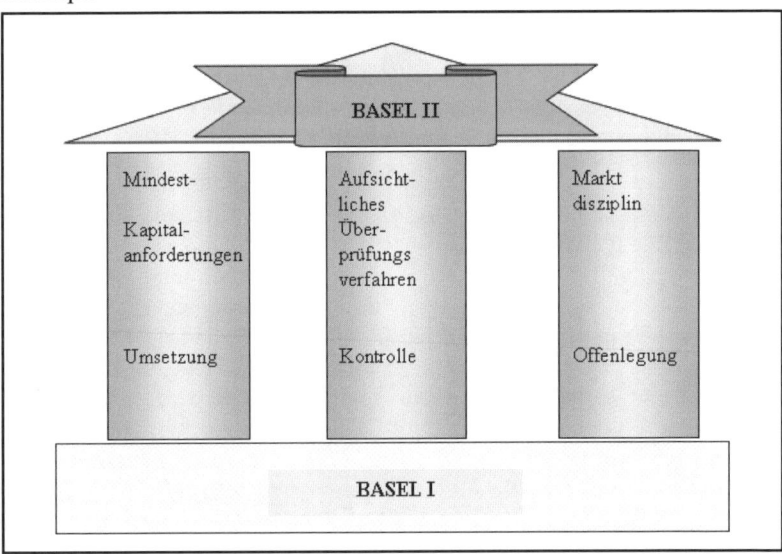

Abb. 59: Die Säulen von Basel II
aus Romeike (2003), S. 76

„Das Mindestkapital müssen die Banken wie bisher zur Deckung unerwarteter Verluste vorhalten. Die Höhe der Kapitalanforderung hängt von der Bonität des Unternehmens ab, bei deren Bemessung auch operationale Risiken mit einfließen. Die Bankaufsicht wird zukünftig verstärkt qualitative Bewertungen der Fähigkeiten der Kreditinstitute, eingegangene Risiken zu identifizieren, zu messen, zu steuern und zu überwachen, durchführen. Durch verschärfte Veröffentlichungspflichten über wesentliche Kennzahlen sollen Marktteilnehmer in die Lage versetzt werden, die Risikosituation der Bank richtig einzuschätzen" (vgl. Solidaris (2003), S. 8).

Um das Kreditausfallrisiko zu ermitteln werden die Unternehmen einem so genannten Rating unterzogen. Das Verfahren, welches beim Rating abläuft, versucht, anhand finanzwirtschaftlicher Daten, aber auch anhand von Zukunftsabschätzungen über qualitative Daten, eine Aussage über das Kreditausfallrisiko des Unternehmens zu treffen.

2.2.2.2.1 Ziele des Ratings

Mit einem Rating verfolgt die Bank das Ziel, „die Bonität eines Unternehmens, auch in Hinblick auf dessen zukünftigen Verlauf, zu prognostizieren und darauf aufbauend Kreditkonditionen mit den Unternehmen zu vereinbaren. Dadurch versuchen die Banken ihr Kreditausfallrisiko abzusichern. Gemäß des bereits vorgestellten Entwurfs der neuen Eigenkapitalvereinbarung für Banken (Basel II), sind die Banken sogar dazu verpflichtet, ein Rating zur Bonitätsprüfung durchzuführen, bevor ein Kredit vergeben werden kann" (Bachert/Peters/Speckert (2008), S. 77).

2.2.2.2.2 Faktoren des Ratings

Zur Bewertung der Bonität werden bei Ratingsystemen sowohl „harte" Daten, als auch „weiche" Faktoren abgefragt.

Beispiele für Ratingfaktoren	
Harte Faktoren	**Weiche Faktoren**
Daten aus dem Jahresabschluss	Planungsinstrumente
Kennzahlen zur Kapital- und Vermögensausstattung	Markt- und Rahmenbedingungen des Unternehmens
Liquiditätskennzahlen	Fragen zum Management
Rentabilitätskennzahlen	Fragen zu Investitionsvorhaben

Abb. 60: Beispiele für Ratingfaktoren

In der Literatur finden sich unterschiedliche Angaben mit welchem Prozentsatz qualitative und quantitative Faktoren in die Bewertung einfließen. Das Ratingergebnis entsteht durch komplexe Berechnungen, die eine zutreffende Bonitätseinschätzung des Sozialunternehmens für die anwendende Bank ermöglichen.

2.2.2.2.3 Ratingverfahren

Das Verfahren kann auf zwei unterschiedlichen Wegen erfolgen:

1. externes Rating durch eine Ratingagentur (Standardansatz)
2. internes Rating durch die Bank selbst (IRB-Ansatz)

Bei der Anwendung des **Standardansatzes** für Banken ohne anerkanntes internes Rating werden die Risikokategorien des Schuldners durch anerkannte Ratingagenturen ermittelt. Die Ratingagentur Standard & Poors ordnet zum Beispiel über folgende Tabelle entsprechende Risikogewichte zu:

Rating-Kategorien					
Forderungen an	AAA Bis AA-	A+ Bis A-	...	unter B-	Ohne Rating
Staatlicher Kreditnehmer	0%	20%	...	150%	100%
Bank	...				
Option 1[12]: Bonität des Staates	20%	50%	...	150%	100%
Option 2[13]: Bonität der Bank	20%	50%	...	150%	50%
Option 3: kurzfristige Kredite	20%	20%	...	150%	20%[14]
Unternehmen	20%	50%	...	150	100%

Abb. 61: Rating-Kategorien

Angelehnt an Schneck/Morgenthaler/Yesilhark (2003), S. 24

---

[12] Risikogewichtung aufgrund der Risikogewichte und des Staates, in dem die Bank ihren Sitz hat.
[13] Risikogewichtung aufgrund der Beurteilung der einzelnen Bank.
[14] Nicht geratete Forderungen an Banken können kein Risikogewicht erhalten, das niedriger als das des Sitzlandes ist.

Beim **Internal Based Ansatz** (IRB) können die Banken die Kreditrisikogewichtung selbst vornehmen, müssen aber bestimmte Qualitätskriterien erfüllen. Die Berechnung der Risikogewichtung erfolgt hier über mehrere Risikokomponenten, die in einer Risikogewichtungsfunktion berücksichtigt werden. Das Risikogewicht ist dabei abhängig von der einjährigen Ausfallwahrscheinlichkeit, vom Verlust bei Ausfall, von der erwarteten Kredithöhe zum Zeitpunkt des Ausfalls und von der Kreditrestlaufzeit. Die Verwendung des IRB-Ansatzes muss durch die Bankenaufsicht genehmigt werden" (Helmel/Breitkreuz/Harwart/Philipp (2006), S. 18).

2.2.2.2.4 Ratingverfahren der Bank für Sozialwirtschaft (BfS)

Die folgende Darstellung beruht auf dem Fragebogen der BfS (BfS) zum Rating (BfS, 2007) und einer Broschüre, die sich mit den Auswirkungen von Basel II auf die Sozialwirtschaft befasst (BfS, 2002). Die nachfolgende Abbildung verdeutlicht den Ablauf für die Bewertung durch die BfS:

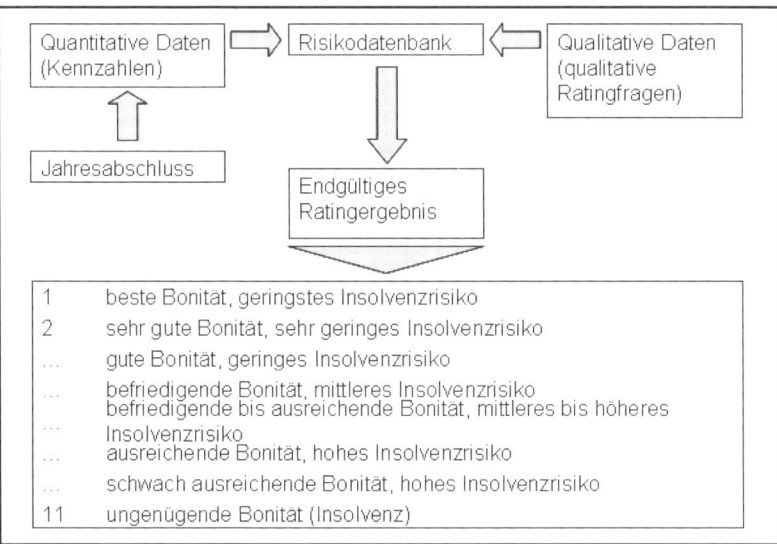

Abb. 62: Ratingablauf des Ratings bei der BfS

Das Risikomanagement-System der BfS hat zwei Teilbereiche:

1. Quantitative finanzwirtschaftliche Kennzahlen, die aus dem Jahresabschluss generiert werden und

2. qualitative Daten, die mit Hilfe eines Fragebogens erfasst werden.

Aus den Daten des Jahresabschlusses werden **quantitativen (finanzwirtschaftliche) Kennzahlen** ermittelt. Diese Kennzahlen liefern Anhaltspunkte dafür, wie hoch die Ausfallwahrscheinlichkeit der Organisation ist. Sie bilden somit die Basis für die spätere Einstufung in die Risikoklassen. Im Einzelnen handelt es sich um die folgenden drei Kennzahlenbereiche:

- Kapitalausstattung (Eigenkapitalquote und erweiterte Eigenkapitalquote),
- Liquidität (Liquiditätsstatus und Cash Flow),
- Rentabilität (Betriebsergebnis und Rentabilität).

Innerhalb dieser Bereiche werden einzelne Kennzahlen gebildet, die anschließend in das Rating einfließen. Die nachfolgende Tabelle bildet die Kennzahlen sowie jeweils die dazugehörige Berechnungsformel ab:

Kennzahl	Berechnung
Kapitalausstattung	
1. Eigenkapitalquote	Eigenkapital / Gesamtkapital * 100
2. erweiterte Eigenkapitalquote	s. o. allerdings erweitert um eigenkapitalähnliche Komponenten (Sonderposten, Forderungen gegenüber Gesellschaftern, etc.)
3. Anlagendeckung	(Eigenkapital + langfristiges Fremdkapital) / Anlagevermögen*100
4. Anlagenintensität	Anlagevermögen / Gesamtvermögen * 100
Liquidität	
1. Liquiditätsstatus	kurzfristige Aktiva / kurzfristige Passiva
2. Debitorenziel	Forderungen aus L + L*360 / bereinigte, regelmäßige Erlöse
3. Kreditorenziel	Verbindlichkeiten aus L+L*360 / Wareneinsatz + Aufwand bezogene Leistungen
4. Cash Flow	Jahresüberschuss bzw. –fehlbetrag – Gewinn bzw. + Verlust aus dem Verkauf von Anlagevermögen + Abschreibungen auf das Anlagevermögen – Zuschreibungen auf das Anlagevermögen + langfristige Rückstellungen – Auflösungen langfristiger Rückstellungen
5. Cash Flow / bereinigte Gesamtleistung	CF / bereinigte Gesamtleistung (Betriebsleistung)
6. Erweiterter Cash Flow / bereinigte Gesamtleistung	CF erweitert um Fremdkapitalzinsen / bereinigte Bilanzsumme

Rentabilität	
1. Betriebsergebnis	Wirtschaftlicher Erfolg gemäß der Struktur der GuV
2. Umsatzrentabilität	Betriebsergebnis / Umsätze
3. Eigenkapitalrentabilität	Betriebsergebnis / bereinigtes Eigenkapital
4. Gesamtkapitalrentabilität	Betriebsergebnis / Gesamtkapital
5. Zinsdeckung	Betriebsergebnis / Zinsaufwand

Abb. 63: Kennzahlen im Rating der BfS
Aus BfS (2002), S. 29

Die Kennzahlen bilden nach Aussagen von Verantwortlichen der BfS den maßgeblichen Anteil an der Ermittlung der Ratingklassifizierung über eine Ratingnote. Bei diesen Kennzahlen liegt eine große Gewichtung auf der Eigenkapitalquote. Eine geringe Eigenkapitalquote bestimmt bei diesem Rating eine schlechtere Note.

Die **qualitativen Daten** werden mittels eines Fragebogens erhoben, der bei der BfS in vier Teilbereiche untergliedert ist:

- Kontenanalyse,
- Unternehmen,
- Management,
- Markt.

Die BfS berücksichtigt bei der Kontenanalyse zum Beispiel, ob das Girokonto über die Kreditlinie hinaus überzogen wurde und welchen Anteil die Hausbank am Gesamtumsatz hat. Beim Thema Unternehmen und Management spielen nach Aussage der BfS vor allem weiche Faktoren eine Rolle, deren Beurteilung und Beantwortung relativ schwierig sei. So wird beispielsweise gefragt, wie lange das Management in der Branche aktiv ist, ob ein Qualitätsmanagement vorhanden ist und ob die Nachfolge des Managements geregelt ist. Ein weiterer Fragenkomplex betrifft Fragen der Marktbedingungen allgemein und speziell. Hier spielen zum Beispiel die Reaktionsschnelligkeit auf Veränderungen des Marktes eine Rolle, die Einschätzung der Konkurrenzsituation und die der Personalsituation der Organisation (vgl. BfS (2002), S. 28f). Der Fragebogen ist bei der BfS erhältlich und kann über das Internet gegen eine Gebühr ausgefüllt werden.

Mit Hilfe der **qualitativen und quantitativen Daten** wird anschließend das Rating über ein statistisches Verfahren durchgeführt. Dabei werden die Einrichtungen mit Ratingnoten von 1 bis 11 eingestuft, wobei 1 die beste Einstufung und 11 die schlechteste Einstufung darstellt. Im Einzelnen bedeuten die Rating Einstufungen folgendes:

Ratingnoten der BfS	
Rating-Note 1:	Exzellente Gesamtverhältnisse, sehr gute Bonität gegeben
Rating-Note 2:	Deutlich überdurchschnittliche Gesamtverhältnisse, gute Bonität gegeben
Rating-Note 3:	Gute Gesamtverhältnisse, die kaum latente Risiken erkennen lassen
Rating-Note 4:	Die Gesamtverhältnisse sind noch als gut zu bezeichnen, mit gezielten Maßnahmen sind Verbesserungspotenziale realisierbar
Rating-Note 5	Durchschnittliche Gesamtverhältnisse, Stärken-Schwächen-Analyse zur Stabilisierung empfehlenswert
Rating-Note 6:	Durchschnittliche Gesamtverhältnisse, Handlungsbedarf zur Beseitigung von Schwachstellen ist erkennbar
Rating-Note 7	Verbesserungsbedürftige Gesamtverhältnisse, kurzfristiger Handlungsbedarf zur Beseitigung von Schwachstellen ist erkennbar
Rating-Note 8	Risikopotenzial erkennbar, stark verbesserungsbedürftige Gesamtverhältnisse
Rating-Note 9	Unzureichende Gesamtverhältnisse, erhebliches Risikopotenzial
Rating-Note 10	Absolut unzureichende Gesamtverhältnisse, akutes Risikopotenzial
Rating-Note 11	Ausfallmerkmal liegt vor

Abb. 64: Ratingnoten der BfS

Mit dem Ratingergebnis der BfS „können Kreditnehmer ihre Bonität einschätzen lassen. Zu den Fragestellungen der BfS geben sie eine Selbsteinschätzung ab, die dann in unserem Hause reflektiert wird. Wir gehen davon aus, dass die Ergebnisse einer solchen Analyse nicht nur für Banken interessant sind, sondern auch für das Management in den Einrichtungen und Organisationen selbst. Mit Hilfe des Ratings könnte zum Beispiel ein

Geschäftsführer seinem Aufsichtsrat oder Vorstand aus externer Sicht darstellen, wo Schwachpunkte, aber auch Stärken der Einrichtung liegen" (BfS (2002), S. 33). Es sei allerdings an dieser Stelle erwähnt, dass die Rating-Einstufungen nicht sehr trennscharf und die Übergänge fließend sind.

Die Diakonischen Werke Baden und Württemberg ermöglichen ihren Mitgliedern eine kostenlose Teilnahme am Rating der BfS. Zudem beraten sie die Unternehmen im Hinblick auf Verbesserungsmöglichkeiten ihrer finanziellen Situation.

2.2.2.2.5 Kritik am Rating

In Anbetracht der Komplexität und Subjektivität der Informationen, die in das Ratingergebnis einfließen, werden Zweifel auch von den durchführenden Banken geäußert, ob ein vollständig standardisiertes Verfahren zur Abbildung der Bonität eines Kunden überhaupt tauglich ist. Dabei kommen vor allem folgende Kritikpunkte zur Sprache:

- „mangelnde Transparenz und Nachvollziehbarkeit,
- Gefahr der Verfolgung von Eigeninteressen,
- stets vorhandene Abhängigkeit von subjektiven Meinungen der Ratinganalysten sowie
- mangelnde Vergleichbarkeit von Ratings (bedingt durch subjektive Elemente)"

(Gleißner/Füser (2003), S. 13).

2.2.3 Private Außenfinanzierung durch Lieferanten

Frage: Wie können Lieferanten als Finanzgeber auftreten?

In den meisten Sozialunternehmen wird die Leistung in Form einer Dienstleistung erbracht. Diese Dienstleistungen sind durch eine hohe Personalintensität geprägt. Trotzdem beziehen Sozialunternehmen Waren von Lieferanten (zum Beispiel Lebensmittel oder Energie). Diese Lieferanten können ebenfalls als Finanzgeber auftreten. Im Bereich der Lieferanten und Einzelhändler haben sich zahlreiche Formen der Kreditgewährung an die Kunden entwickelt, dazu gehören neben dem Kauf auf Rechnung auch die Akzeptanz von Kredit- und Scheckkarten.

Der **Lieferantenkredit** oder auch Handelskredit gehört zu den kurzfristigen Krediten. Hier räumt ein Lieferant seinen Kunden eine Zahlungsfrist zur Begleichung der in Rechnung gestellten Lieferungen und Leistungen ein. Der Kaufmann spricht bei dieser Fristgewährung von einem Zahlungsziel. Bezahlt der Kunde innerhalb dieser Frist erhält er gegebenenfalls einen Preisnachlass, das so genannte Skonto. Beim Lieferantenkredit handelt es sich also um einen so genannten Buchkredit. Der Kreditgeber stellt hier keine Geldmittel zur Verfügung, insofern taucht der Kredit lediglich in den Büchern als Verbindlichkeit auf (vgl. Schneck (2007), S. 596).

Für die Finanzierung, vor allem für die **Liquidität** des Unternehmens, spielt der Lieferantenkredit eine große Rolle. Die offenen Rechnungen gegenüber den Lieferanten sind in der Buchhaltung unter den so genannten Personenkonten (Lieferantenkonten) und dort in der Nebenbuchhaltung als Kreditoren erfasst. Die Zahlungsziele der jeweiligen Lieferantenrechnung werden mit der Buchung vermerkt. Ist der Zahlungszeitpunkt erreicht, stellt die Buchhaltungssoftware, sofern sie über diese Funktionalität verfügt, die offene Rechnung automatisch am Tag der vorgesehenen Bezahlung, in eine Zahlungsvorschlagsliste. Der Sachbearbeiter in der Organisation kann diese Rechnung dann auswählen und bezahlen. Für die Liquiditätssteuerung können die vorhandenen Geldbestände und Ausgangsrechnungen (gebucht auf den Debitorenkonten) mit den Eingangsrechnungen (gebucht auf den Kreidtorenkonten) abgeglichen werden, um den Liquiditätsbedarf zu bestimmen. Der Gesamtsaldo aus diesen drei Posten (Girokonto, Kreditoren und Debitoren) bildet den kurzfristigen Liquiditätsbedarf ab. Ergibt sich ein negatives Ergebnis aus der folgenden Rechnung muss gegebenenfalls ein kurzfristiges Festgeldkonto aufgelöst, oder das Girokonto überzogen werden (Kontokorrentkredit):

Bestand Girokonto
+ Forderungen (Debitoren, Ausgangsrechnungen)
- kurzfristige Verbindlichkeiten (Kreditoren, Eingangsrechungen)
= Aktueller Liquiditätsbedarf

2.2.4 Private Außenfinanzierung durch Investoren

Investoren sind wie die privaten Finanzgeber private Personen oder Organisationen. Im Gegensatz zu den oben genannten Gruppen stellen Investoren den Sozialunternehmen Fremdkapital zur Verfügung, welches im Eigentum des Investors verbleibt. Auch im sozialwirtschaftlichen Nonprofit-Bereich gibt es Investoren-Modelle, die diskutiert und angewendet werden.

2.2.4.1 Public-Private-Partnership / Investorenmodelle

Das Konzept des Public Private Partnership (PPP) wird aufgrund des Finanzierungsdefizits der öffentlichen Hand und der Sozialversicherung in der Sozialwirtschaft immer häufiger diskutiert. Es handelt sich dabei um eine öffentlich-private Partnerschaft (ÖPP) die grundsätzlich jede Form der Zusammenarbeit zwischen öffentlichem und privatem Sektor umfasst, um die Kräfte von öffentlicher Verwaltung und privatwirtschaftlichen Unternehmen zu bündeln und Effizienzsteigerungen zu erzielen.

Frage: Welche Modelle des Public-Private-Partnership gibt es?

Public Private Partnership als Zusammenarbeit zwischen öffentlicher Verwaltung oder Sozialunternehmung und privaten Unternehmen wird in Deutschland im Wesentlichen in drei Modellen unterschieden (vgl. Pointkowski/Hofer (2007), S. 5).

1. Betreibermodell: Die öffentliche Hand oder das Sozialunternehmen beauftragt einen privaten Investor mit dem Bau, der Planung, der Finanzierung und dem Betrieb einer Anlage.
2. Konzessionsmodell: Ein Hoheitsträger erteilt einem privaten Anbieter das Vorrecht zur Erbringung einer bestimmten Bau- oder Dienstleistung.
3. Kooperationsmodell: Die öffentliche Hand oder ein Sozialunternehmen und das private Unternehmen entschließen sich zur gemeinsamen Leistungserbringung.

Ohne Beteiligung der öffentlichen Hand werden die beschriebenen Modelle in der Praxis häufig als Investorenmodelle bezeichnet. Im sozialen Bereich gibt es derzeit nur wenige Erfahrungen mit PPP- oder Investorenprojekten. Für die Finanzierung von Sozialunternehmen kann aber insbesondere das so genannte Betreibermodell interessant sein. Die Zusammenarbeit wird über einen Projektvertrag zwischen dem Sozialunternehmen und einer Projektgesellschaft sowie Finanzierungsverträge zwischen Projektgesellschaften und den externen Finanzgebern rechtlich geregelt.

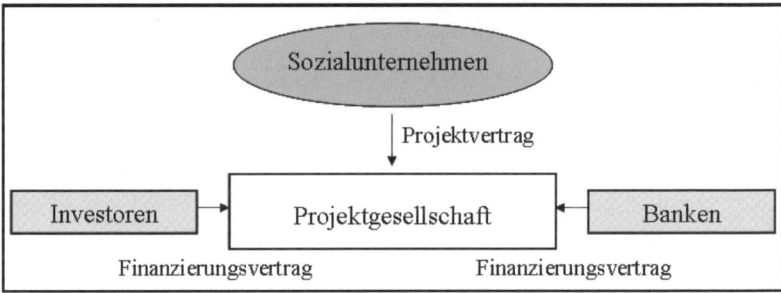

Abb. 65: Investorenmodell

Frage: Was sind die Eckpunkte für die Gestaltung eines Investorenvertrags?

Innerhalb des Projektvertrags werden folgende Elemente bestimmt:

- Leistung der Projektgesellschaft (Planung, Bau, Finanzierung, Facility Management),
- Risikoverteilung,
- Vergütung,
- Vertragslaufzeit,
- Eigentumsübergang,
- Kündigungsrechte und Eintrittsrechte der Banken,
- Dokumentationspflichten,
- Zustimmungsrechte des Auftraggebers und Anpassungsklauseln

(vgl. Püstow in Pointkowski/Hofer (2007), S. 18).

Der Justitiar des Diakonischen Werks Baden, Herr Ulrich Paul, hat darüber hinaus Eckpunkte formuliert, die bei der Vertragsgestaltung besonders beachtet werden sollten:

- Beschreibung der Mietsache,
- Mitbeginn, Mietdauer und Kündigung,
- Miethöhe, Nebenkosten und Anpassungen,
- Sicherheiten,
- Ausbesserungen und bauliche Veränderungen,
- Werbung und Anbringung von Schildern,
- Betreten der Mietsache und Besichtigungsrecht,
- Schadensersatz bei vorzeitiger Beendigung der Mietzeit,
- Verkauf des Objekts,
- Informationspflichten.

Frage: Welche Gründe gibt es für PPP?

Gründe für eine PPP liegen insbesondere in den erwarteten Effizienzvorteilen. Diese bestehen in der Verringerung der Risikokosten durch eine optimale Risikoverteilung zwischen öffentlicher Hand und Privatwirtschaft, in der Verringerung der Lebenszykluskosten durch die Optimierung von Investitions- und Betriebskosten, in der Vermeidung von Kostenerhöhungen durch Verringerung des Nachtragspotentials sowie in der Senkung der Verwaltungskosten bei der öffentlichen Hand durch die Konzentration auf das Kerngeschäft (vgl. van der Weyden in Pointkowski/Hofer (2007), S. 24).

Der eigentliche Finanzierungsvorteil für Sozialunternehmen besteht aber in generationengerechten Zahlungen, da die Investition über die Projektgesellschaft vorfinanziert wird und das Sozialunternehmen die Zahlungen über die Laufzeit des PPP-Vertrags verteilen kann.

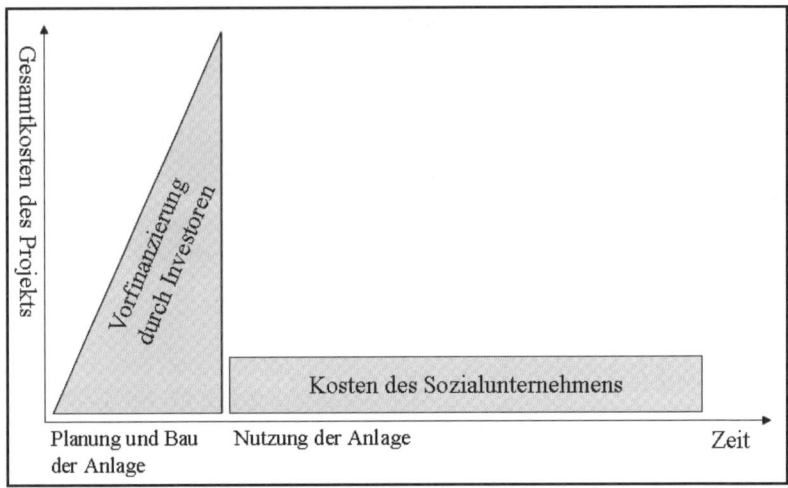

Abb. 66: Finanzierungsvorteil für Sozialunternehmen

Der Auslöser für die Diskussionen um die Nutzung von PPP besteht in der derzeit schwierigen Haushaltslage der öffentlichen Hand. Durch die Zusammenarbeit mit privaten Investoren soll dem Investitionsrückstand entgegengewirkt werden. Die Umsetzungsmöglichkeiten im Bereich der Sozialwirtschaft sind aber zudem abhängig von den Vorteilen, die sich für die Investoren ergeben. „PPP-Projekte finden sich in der Regel in den Bereichen, in denen es bislang an einem freien Markt fehlte, weil die öffentliche Hand diesen Bereich bislang (vollständig) dominierte. Häufig handelt es sich um Projekte der so genannten Darseinsfürsorge, in denen also die öffentliche Hand alltäglich die für die Grundversorgung der Bürger erforderlichem Leistungen als hoheitliche Aufgabe erbringt" (Dodenhoff in Pointkowski/Hofer (2007), S. 47).

Im Bereich des Gesundheitswesens sowie im Schul-, Hort- und Kindertagestättenbereich sind bereits einige PPP-Projekte verwirklicht worden. In den anderen Bereichen der Sozialwirtschaft, wie beispielsweise dem Altenhilfe- und Pflegebereich haben PPP-Projekte bislang kaum eine Bedeutung. Die Gründe dafür finden sich in den Umfeld- und Projektmerkmalen. So gibt es im Bereich der Altenhilfe von Anfang an eine weitaus größere Anzahl von privaten Anbietern, so dass ein geringeres Potential besteht. Zudem ist die Übernahme des Kerngeschäfts durch die geringere Regulierung ebenfalls für private Investoren attraktiv und auf dem Markt akzeptiert, so dass eine Zusammenarbeit mit der öffentlichen Hand für die privaten Anbieter nicht interessant ist. „Übernimmt ein privater Investor das gesamt Kerngeschäft, kann es genauso gut von Anfang an als privater das gesamte Vorhaben in Angriff nehmen" (Dodenhoff in Pointkowski/Hofer (2007), S. 49). Weitere Gründe gegen eine Umsetzung im Bereich der Altenhilfe sind beispielsweise der erhebliche Planungs- und Beratungsaufwand sowie ein vergleichsweise geringes Investitionsvolumen (vgl. Dodenhoff in Pointkowski/Hofer (2007), S. 50).

2.2.4.2 Leasing

Frage: Wie funktioniert Leasing?

„Unter Leasing wird ein für einen bestimmten Zeitraum abgeschlossenes miet- oder pachtähnliches Verhältnis zwischen einem Leasing-Geber und einem Leasing-Nehmer verstanden" (Olfert/Reichel (2008), S. 356).

Beim **direkten Leasing** ist der Hersteller des Leasing-Gutes gleich dem Leasing-Geber.

Beim **indirekten Leasing** ist zwischen Leasing-Nehmer und Hersteller eine Leasing-Gesellschaft geschaltet, welche als Leasing-Geber das Gut erwirbt und dem Leasing-Nehmer zur Verfügung stellt.

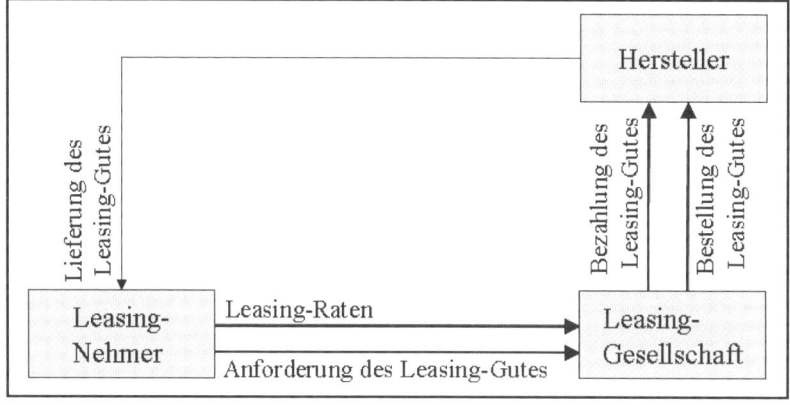

Abb. 67: Indirektes Leasing

Frage: Wie unterscheiden sich Operate- und Finance-Leasing?

Für das Unternehmen entscheidend ist insbesondere der Verpflichtungscharakter des Leasing-Vertrags. Grundsätzlich können zwei Leasing-Formen hierbei unterschieden werden: Operate-Leasing und Finance-Leasing (vgl. Olfert/Reichel (2008), S. 358 f).

Leasingformen nach Verpflichtungscharakter	
Operate Leasing	Finance Leasing

Abb. 68: Leasingformen nach Verpflichtungscharakter

2.2.4.2.1 Operate-Leasing

Das Operate-Leasing, auch unechtes Leasing genannt, ist durch die Kurzfristigkeit der Laufzeit gekennzeichnet. Für den Leasing-Nehmer bietet sich diese Form an, wenn die Kapazitäten an kurzfristige Schwankungen angepasst werden müssen. Der Leasing-Geber stellt über das Operate-Leasing in der Regel nur solche Güter zur Verfügung, welche mehrfach hintereinander an verschiedene Leasing-Nehmer vermietet werden können.

Vergütet wird die Bereitstellung des Leasing-Gutes mit Leasing-Raten, welche beim Leasing-Nehmer als Aufwand verbucht werden. Das Leasing-Gut wird beim Leasing-Geber bilanziert, der dieses abschreibt und das Eigentumsrisiko trägt.

2.2.4.2.2 Finance-Leasing

Beim Finance-Leasing, welches auch als echtes Leasing bezeichnet wird, handelt es sich um eine langfristige Nutzungsüberlassung. Während der Grundmietzeit des Leasing-Vertrags ist dieser nicht kündbar. Diese Grundmietzeit beträgt in der Regel 50 bis 75 % der betriebsgewöhnlichen Nutzungsdauer des Leasing-Gutes. Nach Ablauf dieser Zeit kann eine weitere Nutzung möglich sein, die durch einen Kauf oder eine weitere Anmietung gestaltet werden kann. Die Nutzung des Leasing-Gutes erfolgt üblicherweise nur durch einen Leasing-Nehmer ist. Zudem gehen die typischen Eigentumsrisiken auf den Leasing-Nehmer über.

Die Leasing-Raten zur Vergütung der Leistungen des Leasing-Gebers decken die Anschaffungs- beziehungsweise Herstellungskosten, die Nebenkosten, die Kapitalkosten, sowie den Gewinn des Leasing-Gebers. Zudem werden beim Leasing-Geber Verwaltungskosten und kalkulatorische Wagnisse mit den Leasing-Raten abgedeckt.

Die Bilanzierung ist abhängig von der Ausgestaltung des Leasingvertrags. Entscheidend für die bilanzielle Zuordnung des Leasing-Gutes ist die Frage, ob es sich um wirtschaftliches Eigentum des Leasing-Nehmers oder um ein miet- oder pachtähnliches Verhältnis handelt. Folgende Grundtypen können unterschieden werden:

1. Leasing-Vertrag ohne Optionsrecht:

Hier werden im Vertrag keine Vereinbarungen oder Nebenabreden für die Zeit nach der Grundmietzeit abgeschlossen. Bei einer Grundmietzeit zwischen 40 und 90 % der betriebsgewöhnlichen Nutzungsdauer wird das Leasing-Gut beim Leasing-Geber bilanziert, da bei einer Grundmietzeit über 90 % das wirtschaftliche Eigentum dem Leasing-Nehmer zugeschrieben wird und bei einer Grundmietzeit von unter 40 % die Weiternutzung über eine günstigere Anschlussmiete oder einen Kauf des Leasing-Gutes durch den Leasing-Nehmer wahrscheinlich ist.

2. Leasing-Vertrag mit Kaufoptionsrecht:

Der Leasing-Nehmer hat nach Ablauf der Grundmietzeit die Möglichkeit das Leasinggut vom Leasing-Geber zu erwerben. Zur Bilanzierung beim Leasing-Geber muss zum einen erfüllt sein, dass die Grundmietzeit zwischen 40 und 90 % der betriebsgewöhnlichen Nutzungsdauer liegt. Zusätzlich muss der Kaufpreis bei Ausübung des Optionsrechts mindestens dem mittels linearer Abschreibung ermittelten Buchwert oder dem niedrigerem gemeinem Wert des Leasing-Gutes entsprechen. Ist der Kaufpreis niedriger als der ermittelte Buchwert beziehungsweise der niedriger gemeine Wert des Leasing-Gutes wird es beim Leasing-Nehmer bilanziert.

3. Leasing-Vertrag mit Mietverlängerungsoption:

Nach Ablauf der Grundmietzeit hat der Leasing-Nehmer die Möglichkeit den Vertrag zu verlängern. Die Folgemiete beträgt dabei nur 5 bis 10 % der bisherigen Miete. Sollte die Grundmietzeit zwischen 40 und 90 % der betriebsgewöhnlichen Nutzungsdauer liegen und die Anschlussmiete den

Wertverzehr des Leasing-Gutes decken, wird das Leasing-Gut beim Leasing-Geber bilanziert.

4. Spezial-Leasing-Verträge:

Das Leasing-Gut wird immer dem Leasing-Nehmer zugerechnet, da davon ausgegangen wird, dass das Leasing-Gut ausschließlich auf diesen Leasing-Nehmer ausgerichtet ist.

Frage: Wann nutzen soziale Unternehmen Finance-Leasing?

Die Gründe für ein Finance-Leasing sind sehr unterschiedlich. So haben kleine und mittlere Unternehmen durch Leasing die Möglichkeit Anlagegüter zu finanzieren, die durch einen sonstigen Einsatz von Eigen- oder Fremdkapital nur schwer realisierbar wären, weil Sicherheiten fehlen oder Verschuldungsgrenzen erreicht werden. Der Finanzierungsspielraum lässt sich dadurch aber nicht grundsätzlich erweitern, da die Kreditinstitute der Leasing-Geber eingehende Kreditwürdigkeitsprüfungen durchführen. Ein häufigerer Beweggrund für Leasing ist der Einfluss auf die Liquidität eines Unternehmens, da die Auszahlung nicht auf einmal sondern über den Zeitraum der vereinbarten Grundmietzeit erfolgt. Vor diesem Hintergrund und wegen des zunehmenden Bedarfs an Fremdkapital, zum Beispiel aufgrund auslaufender Investitionszuschussregelungen auf Landesebene (SGB XI in Baden-Württemberg), kommt dem Leasing in Zukunft eine noch größere Bedeutung zu.

Zudem kann es zu organisatorischen und personellen Erleichterungen führen, wenn die Instandhaltungen vom Leasing-Geber übernommen werden. Als weiterer Grund ist die Möglichkeit der Anpassung an den technischen Fortschritt zu nennen. Durch kurze Grundmietzeiten kann flexibel auf technische Neuerungen reagiert werden. Damit verbunden sind aber normalerweise hohe Leasing-Raten.

Insgesamt sind die Kosten für Leasing hoch. Neben den Leasing-Raten während der Grundmietzeit in Höhe von etwa 125- 155 % der Anschaffungskosten des Leasing-Gutes, fallen für die Weiternutzung oder den Kauf zusätzliche Kosten an. Zudem kann über vertragliche Bestimmungen die Übernahme weiterer Nebenkosten, wie beispielsweise Überführungskosten oder Wartungs- und Unterhaltungskosten, dem Leasing-Nehmer zugeordnet werden.

2.2.4.3 Factoring

Frage: Was ist Factoring?

Das Factoring gehört neben dem Leasing zu den so genannten Kreditsubstituten, welche die traditionellen Formen der Fremdfinanzierung ergänzen, beziehungsweise ersetzen. Im Gegensatz zum Leasing ist das Factoring eher kurzfristig orientiert.

Factoring bedeutet vereinfacht den Verkauf von Forderungen an einen Dritten.

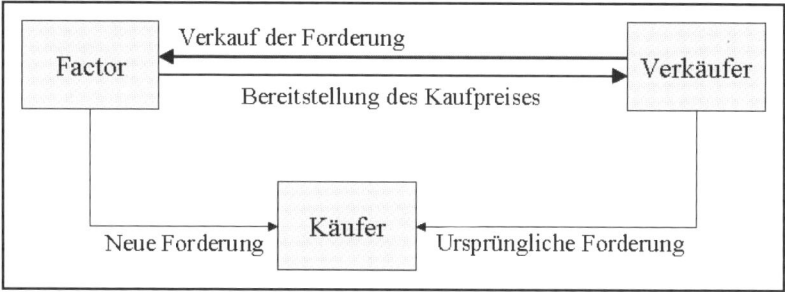

Abb. 69: Factoring
in Anlehnung an Olfert/Reichel (2008), S. 351

Damit verbunden sind bei einem echten Factoring, welches in Deutschland vor allem praktiziert wird, drei Funktionen:

1. Dienstleistungsfunktion
2. Delkrederefunktion
3. Finanzierungsfunktion

(vgl. Olfert/Reichel (2008), S. 352 ff).

Bei der **Dienstleistungsfunktion** übernimmt der Factor gegen Gebühr (0,5 – 2,5 % des Umsatzes) bestimmte Leistungen für den Verkäufer der Forderung. Dazu können je nach Vertragsgestaltung die Debitorenbuchhaltung, das Mahnwesen, das Inkassowesen sowie das Beratungswesen gehören. Vorteile in der Übernahme der Dienstleistungsfunktion durch den Factor liegen für das verkaufende Unternehmen in der Kostenersparnis. Der Factor kann durch die höhere Auslastung einer EDV-Anlage und dem Einsatz von Spezialisten die Tätigkeiten kostengünstiger erbringen. Mit dieser Funktion für den Verkäufer verbunden ist aber auch der Nachteil der Abhängigkeit zum Factor. Für den Verkäufer der Forderung ist es wichtig, die Gebühren des Factors, die kostenmäßige Entlastung im eigenen Unternehmen gegenüberzustellen. Um zu einem Gesamturteil zu kommen sollten zudem weiche Faktoren, wie die Auswirkungen auf das Verhältnis zum Kunden, berücksichtigt werden.

Die **Delkrederefunktion** besteht darin, dass der Factor die Forderungen und das damit verbundene Risiko des Forderungsausfalls übernimmt. Damit verbunden sind die bonitätsmäßige Überprüfung sowie die Übernahme aller Forderungen oder Forderungsgesamtheiten des Verkäufers, um das Risiko zu streuen. Bei einer gleichzeitigen Übernahme der Dienstleistungsfunktion hat der Factor einen umfassenden Einblick in die Marktsituation und das Zahlungsverhalten der Kunden. Die Gebühren für die Übernahme dieser Funktion liegen bei 0,2 – 1,2 % des Umsatzes. Ohne die Übernahme der Delkrederefunktion durch den Factor spricht man von einem unechten Factoring.

Die **Finanzierungsfunktion** kann auf zwei verschiedene Arten erfolgen. Beim Maturity Factoring wird für einen Bündel von angekauften Forderungen der durchschnittliche Fälligkeitstag errechnet. An diesem Tag stellt der Factor dem Verkäufer 80 bis 90 % der Rechnungsbeträge zur Verfügung. Die übrigen 10 bis 20 % werden einem Sperrkonto des Verkäufers gutgeschrieben damit der Factor gegen Mangelrügen und Warenrückgaben abgesichert ist. Beim Standard Factoring erfolgt der Ankauf der Forderungen vor dem durchschnittlichen Fälligkeitstag. Dies bedeutet, dass der Factor dem Verkäufer unmittelbar nach Erstellung der Rechnung die Rechnungsbeträge abzüglich des Sicherheitseinbehalts auf dem Sperrkonto zur Verfügung stellt.

Frage: Welche Vorteile hat das Factoring für Sozialunternehmen?

Vorteile für Sozialunternehmen ergeben sich insbesondere beim Standard Factoring, wenn der Factor die Rechnungen bis zum durchschnittlichen Fälligkeitstag bevorschusst und dafür Kapitalkosten unterhalb der Zinsen für einen Kontokorrentkredit berechnet werden. Die BfS Service GmbH als Tochterunternehmen der BfS AG bietet beispielsweise ein online-Factoring insbesondere für Krankenhäuser, Pflegedienste, Rettungsdienste, Stationäre Pflegeeinrichtungen, Kinder- und Jugendhilfeeinrichtungen und sonstige Leistungserbringer im Gesundheitswesen an.

2.2.5 Praxisbeispiel: Sponsoring

Das bereits bekannte Unternehmen „Carikonie" will für die Finanzierung der Leistungen neue Finanzquellen generieren und zukünftig Sponsoringmittel einsetzten. Das Unternehmen hat eine eigene Identität, ein positives Image und möchte verstärkt die Einzigartigkeit hervorheben. Um ein professionelles Sponsorenmanagement aufzubauen hat die Einrichtung im Bereich der Öffentlichkeit einen Mitarbeiter mit weit reichenden Erfahrungen im Marketing eingestellt. Durch diesen Mitarbeiter soll das Marketingverständnis der Einrichtung optimiert und die organisatorischen Voraussetzungen für Socialsponsoring geschaffen werden. Um die Effektivität und Effizienz des Sponsorenmanagements bestmöglich zu gestalten, entwickelt die Einrichtung eine individuelle Sponsoring-Konzeption mit folgenden Punkten:

- Beschreibung des Ist-Zustandes
- Festlegung der Ziele
- Generierung der strategischen Stoßrichtung
- Umsetzung durch konkrete Maßnahmen

Für die Beschreibung des Ist-Zustandes führt die Einrichtung eine Situationsanalyse durch. Diese dient der systematischen Erforschung der gegenwärtigen und zukünftigen Situation der sozialen Einrichtung, des Sponsoring-Marktes und des Umfelds.

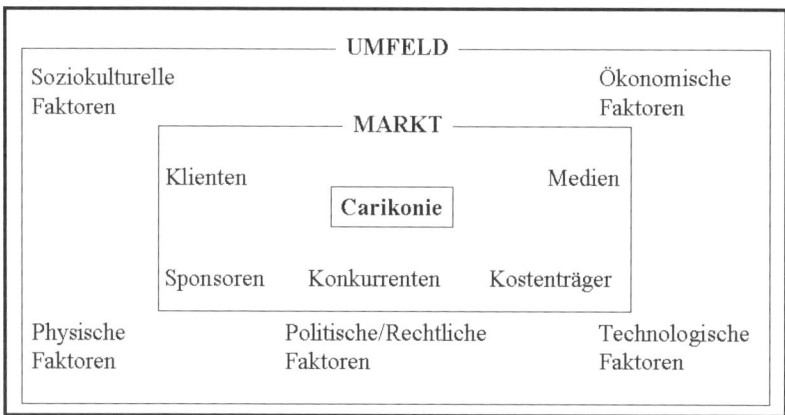

Abb. 70: Die Unternehmensumwelt
in Anlehnung an Hörschgen/Kirsch/Käßer-Pawelka (1993), S. 23

Das Unternehmensumfeld der Carikonie wird mit Hilfe der Umfeldanalyse begutachtet. Dafür werden die einzelnen Komponenten des Unternehmensumfelds für das Sponsoring beurteilt (vgl. Hörschgen/Kirsch/Käßer-Pawelka (1993), S. 39). Zudem werden die Teilnehmer auf dem Sponsoringmarkt durch die Carikonie bestimmt und beschrieben. Mit Hilfe einer Stärken-Schwächen-Analyse und einer Potentialanalyse sind die Chancen und Risiken der Carikonie ermittelt worden.

Aufgrund der Ist-Situation der Carikonie sind folgende allgemeine Ziele für das Sponsoring der Carikonie festgelegt worden:

- Beschaffung von Finanzierungsmitteln
- Beschaffung von Sachmittel

Diese Ziele werden präzisiert indem Zielinhalt, Zielausmaß sowie der zeitliche und sachliche Geltungsbereich festgelegt werden.

Allgemeines Ziel	Zielinhalt	Zielausmaß	Geltungsbereich
Beschaffung der Finanzmittel	Anschaffungskosten für das Inventar für einen Demenzraum	Mobiliar für 7.500€ Ausstattung für 500€	Bis Ende 2010 sollen so viele Sponsoren gefunden werden, dass das gesamte Projekt umgesetzt werden kann.
Sachmittel	Pflegeprodukte	Produkte für 2.000€	Für das Jahr 2010; durch eine Sponsor

Abb. 71: Beispiel Ziele des Sponsoring

Um geeignete Sponsoren zu finden hat die Carikonie überlegt, eine Sponsoring-Agentur zu engagieren, da diese mit umfangreichen Datenbanken arbeiten um Wirtschaftsunternehmen und Sozialunternehmen zusammenzubringen und zu beraten. Da die Carikonie aber insbesondere regionale Sponsoren gewinnen möchte, hat sich das Unternehmen für eine selbständigen Ansprache von Wirtschaftsunternehmen entscheiden.

Für die Auswahl möglicher Unternehmen für ein Sponsoring sind folgende Leitfragen beachtet werden:

1. Welche Art von Unternehmen passt zur eigenen Einrichtung (Größe, Branche, Image)?
2. Welche Betriebe gibt es in der Region?
3. Gibt es bereits Kontakte zu potentiellen Unternehmen?

Durch die Beantwortung dieser Fragen konnten mehrere mögliche Unternehmen aus der Region ermittelt werden. Um zu bewerten, ob sich das Unternehmen als Sponsoringunternehmen für die Carikonie eignet, wurde für jedes mögliche Unternehmen folgender Fragebogen beantwortet:

Analyse möglicher Sponsoren		
Sponsor:	Ja	Nein
1. Passen die Produkte des Sponsors in das Umfeld der Carikonie?		
2. Ist die Unternehmenskultur des Sponsors mit der unseren kompatibel?		
3. Hat der Sponsor ein positives Image?		
4. Kann sich die Carikonie mit dem Sponsor identifizieren?		
5. Wirft der Sponsor ein negatives Image auf die Carikonie?		
6. Können die Sponsoringziele mit dem Sponsor verwirklicht werden?		
7. Besteht bereits eine Verbindung zu dem Sponsor?		
8. Bestehen persönliche Kontakte zu dem Sponsor?		
9. Besteht bereits ein Sponsoringvertrag?		
10. Werden größere Umsätze mit dem Sponsor getätigt?		

Abb. 72: Fragebogen zur Analyse möglicher Sponsoren

Die ersten sechs Fragen sind für die Carikonie k.o.-Fragen. Wenn bei der Beantwortung des Fragebogens für einen möglichen Sponsor eine der Fragen mit „nein" beantwortet wurde, wird dieses Unternehmen nicht für ein Sponsoring in Betracht gezogen.

Da es sich beim Sponsoring immer um eine Austauschbeziehung handelt, bei der insbesondere der Sponsor einen Mehrwert für das eigene Unternehmen erwartet, hat die Carikonie im nächsten Schritt die Gestaltung der Austauschbeziehung, ebenfalls mit Hilfe eines Fragebogens, betrachtet. Die Analyse der Vorteile für den Sponsor wurde je Sponsoringziels und potentielles Sponsor-Unternehmen durchgeführt, da die Ziele die Austauschbeziehung und Vorteile des Sponsors beeinflussen.

Analyse der Vorteile für den Sponsor	
Ziel: Beschaffung von Finanzmitteln für Mobiliar und Ausstattung des Demenzraums	
Sponsor: Unternehmen A	
In welcher Form profitiert der Sponsor von der Zusammenarbeit?	Die Bereitstellung der notwendigen Finanzmittel wird an verschiedenen Orten für die Öffentlichkeit sichtbar gemacht. (Plakette am Raum, Homepage, Pressemitteilung)
Besteht für den Sponsors (Branchen-) Exklusivität?	Wenn mehrere Sponsoren für dieses Projekt gewonnen werden können, wird Branchenexklusivität zugesagt.
Welche Risiken bestehen für den Sponsor?	Keine Sollte der Demenzraum nicht verwirklicht werden, werden die Sponsorenmittel zurückgezahlt.
Was können für den Sponsor die drei Hauptgründe sein das Angebot anzunehmen?	1. Verbesserung der eignen Sozialbilanz durch soziales Engagement in der Region 2. Steigerung der Bekanntheit des Unternehmens 3. Imagegewinn
Lässt sich die Wirkung des Sponsoring messen?	Schwer, da die keine mittelbaren Auswirkungen

Analyse der Vorteile für den Sponsor	
Ziel: Beschaffung von Pflegesachmitteln	
Sponsor: Unternehmen B	
In welcher Form profitiert der Sponsor von der Zusammenarbeit?	Weitere Pflegemittel werden bei diesem Unternehmen bezogen.
Besteht für den Sponsors (Branchen-) Exklusivität?	Exklusivität wird zugesagt
Welche Risiken bestehen für den Sponsor?	Keine
Was können für den Sponsor die drei Hauptgründe sein das Angebot anzunehmen?	1. Zugesagter Umsatz 2. Steigerung der Bekanntheit der Produkte 3. mögliche Erweiterung des Kundenkreises
Lässt sich die Wirkung des Sponsoring messen?	Zusätzlicher Umsatz durch Kunden aus dem Bereich der Altenhilfe kann ermittelt werden.

Die Vereinbarungen mit dem Sponsor werden vertraglich festgehalten. Die Carikonie regelt in jedem Sponsoringvertrag mindestens folgende Punkte:

1. Leistungen des Sponsors
2. Gegenleistungen des Gesponsorten
3. Zeitliche und räumliche Vereinbarungen
4. Finanztechnische Abwicklung

Der folgende Sponsoring-Vertrag kann als Vorlage für eigene Vereinbarungen dienen.

Sponsoringvertrag

Zwischen

Carikonie
Anschrift
Vertragspartner I

und

Unternehmen XY
Anschrift
Vertragspartner II

§ 1

Die Vertragspartner vereinbaren zum Zwecke des Sponsoring nachfolgende Leistung/en auf Gegenseitigkeit:

Vertragspartner II stellt zur Förderung von Vertragspartner I zweckgebundene finanzielle Mittel zur Verfügung. Im Gegenzug verpflichtet sich Vertragspartner I den/das Firmennamen/Firmenlogo an geeigneter Stelle gut sichtbar zu platzieren und/oder in geeigneter Weise zu erwähnen (Werbung).

§ 2

Vertragspartner II überweist bis zum *31.05.2010* Vertragspartner I einen Geldbetrag in Höhe von *4.000 EUR, viertausend Euro* (in Worten)
auf das Konto *12345678* bei der *VolxsBank*, BLZ *50080000*,
unter Angabe des Zweckbindungsvermerks: *Anschaffung von Mobiliar und Ausstattung für einen Demenzraum*

Vertragspartner I verpflichtet sich im Gegenzug folgende Werbung für Vertragspartner II
Platzierung des Firmenlogos am Eingang des Demenzraumes, Hinweis auf Finanzierung durch die Firma auf der Homepage, Veröffentlichung einer Pressemitteilung bei Fertigstellung des Raumes.

§ 3

Die für die vereinbarte Werbemaßnahme benötigten Materialien, Abbildungen, Software, Träger werden auf Kosten des Vertragspartner II Vertragspartner I rechtzeitig i.S. des § 3 zur Verfügung gestellt.

§ 4

Die Vertragspartner I überlassene Werbemittel dürfen nur zu dem in diesem Vertrag vereinbarten Zweck verwandt werden. Weitere oder andere Nutzungen bedürfen der vorherigen Zustimmung des Vertragspartners II.

§ 5

Es besteht Einvernehmen zwischen den Vertragspartnern, dass durch die Verwendung der überlassenen Werbemittel auf, an oder in Produkten / Eigentum von Vertragspartner I Vertragspartner II keine Rechte an den Produkten / Eigentum, insbesondere Urheber- und/oder Wettbewerbsrechte erwirbt.

§ 6

Vertragspartner I übernimmt keine Gewähr für den Werbeerfolg. Die Haftung durch Vertragspartner I für Verlust oder Schäden jeglicher Art an den zur Verfügung gestellten Werbemitteln, soweit diese nicht grob fahrlässig oder vorsätzlich durch Beschäftigte des Vertragspartners I verursacht werden, ist ausgeschlossen.

§ 7

Dieser Vertrag kann jederzeit ohne Einhaltung einer Frist im beiderseitigen Einvernehmen aufgehoben werden. Das Recht zur ordentlichen Kündigung durch Vertragspartner II ist nur möglich, soweit Vertragspartner I noch keine vertraglichen Bindungen im Vertrauen auf diesen Vertrag eingegangen ist. Das Recht zur außerordentlichen Kündigung bleibt davon unberührt.

§ 8

Sollten in dem Vertrag eine oder mehrere Bestimmungen aus tatsächlichen oder rechtlichen Gründen unwirksam sein oder werden, so wird die

Wirksamkeit der übrigen Vertragsbestimmungen hierdurch nicht berührt. Die Vertragsparteien verpflichten sich vielmehr, die unwirksamen Bestimmungen durch eine dem wirtschaftlichen Erfolg möglichst gleichkommende Regelung zu ersetzen.

§ 9

Nebenabreden sind nicht geschlossen. Die Aufhebung, Änderung oder Ergänzung des Vertrages bedürfen zu ihrer Wirksamkeit der Schriftform. Kündigungserklärungen haben der jeweils anderen Vertragspartei zumindest mit eingeschriebenem Brief zuzugehen.

§ 10

Der Vertrag tritt mit Unterzeichnung in Kraft.

Gerichtsstand ist...............................

Ort, den..
Vertragspartner I ....

Ort, den..
Vertragspartner II ....

Abb. 73: Beispiel Sponsoringvertrag

2.2.6 Interaktives Gespräch zum Fundraising

Die Geschäftsleitung der Carikonie möchte das Fundraising ausdrücklich unterstützen und vereinbart ein Treffen mit dem neuen Mitarbeiter der Öffentlichkeitsarbeit, um von diesem die neue Philosophie und Tipps und Tricks zu erfahren.

Geschäftsleitung: Guten Tag Herr Rosnops, herzliche Willkommen bei der Carikonie.

Herr Rosnops: Guten Tag, es freut mich, dass ich die Carikonie unterstützen darf und Sie dem Fundraising und damit verbunden die Sponsorengewinnung der Carikonie eine hohe Bedeutung zukommen lassen.

Geschäftleitung: Wir haben Kaffee und Tee bereitgestellt. Bitte bedienen Sie sich. Ich möchte Sie bitten, mir heute noch einmal genauer zu erläutern, was Sie in den nächsten Monaten umsetzen möchten und wie ich insbesondere die Sponsorensuche unterstützen kann.

Herr Rosnops: Danke. Grundsätzlich gilt, dass unter Fundraising alle Aktivitäten der Mittelbeschaffung von Dritten für Nonprofit-Organisationen verstanden werden. Dies bedeutet, dass dieses Thema als Querschnittsaufgabe betrachtet werden kann und insbesondere bei den Themen Spenden, Sponsoring und Fördermittel betrachtet werden sollte.

Geschäftsleitung: Dieses Verständnis möchten wir bei der Carikonie gerne fördern. Welche Aufgaben ordnen Sie dem Fundraising zu?

Herr Rosnops: Fundraising ist nicht eine bestimmte Finanzquelle sondern die systematische Analyse, Planung, Durchführung und Kontrolle aller Aktivitäten der Carikonie um die benötigten Ressourcen zur Verfügung zu stellen. Zu den Ressourcen gehören nicht nur Geldmittel sondern auch Sach- und Dienstleistungen. Für mich gehört zu den Aufgaben des Fundraisers damit auch das Sponsoringmanagement.

Geschäftsleitung: Das ist nicht immer so. Ich habe gerade erst wieder einen Artikel gelesen in dem das Sponsoring nicht dem Fundraising zugeordnet wurde. Wir möchten daher auch keine eigene Fundraisingabteilung sondern die Eingliederung der Aufgaben in die Abteilung Öffentlichkeitsarbeit.

Herr Rosnops: In der Literatur werden die Bereiche häufig voneinander abgegrenzt, wenn von einer Mittelbeschaffung ohne marktadäquate materielle Gegenleistung gesprochen wird. Dann gehört das Sponsoring streng genommen nicht zum Fundraising, da der Sponsor wirtschaftliche Vorteile anstrebt, welche eine materielle Gegenleistung darstellen. In Zeiten der Mittelknappheit bei sozialen Unternehmen stehen für mich aber die gemeinsamen Aufgaben der Mittelbeschaffung im Vordergrund. Soziale Unternehmen müssen die Gegenleistungen für die zur Verfügung gestellten Mittel verstärkt in den Vordergrund rücken. Ich denke wir können dies an der Schnittstelle zur Öffentlichkeitsarbeit zukünftig umsetzen.

Geschäftsleitung: Wir haben bereits vereinbart, dass Sie ein individuelles Sponsoring-Konzept für die Carikonie erstellen werden. Ich hoffe die Ergebnisse lassen sich auch auf die anderen Fundraising-Aktivitäten übertragen.

Herr Rosnops: Die Planung von Fundraising-Maßnahmen sollte immer auf einer Analyse der eigenen Einrichtung und des Marktes beruhen. Im Sponsoring-Konzept werden diese Punkte durchgeführt, so dass die Ergebnisse für weitere Dinge verwendet werden können. Für jeden Bereich müssen darauf aufbauend Ziele festgelegt werden. Außerdem kann eine umfassende Bedarfsermittlung erstellt werden.

Geschäftleitung: Was verstehen Sie darunter?

Herr Rosnops: Bei der Bedarfsermittlung sollten die benötigten Geld-, Sach- und Personalmittel möglichst konkret festgelegt werden, um die Fundraising-Aktivität auf den Bedarf abstimmen zu können. Aufgrund dieser Aufstellung können wir bestimmen mit welchen Mitteln die Bedarfe gedeckt werden sollen. Ein Sponsoring ist nur möglich, wenn eine damit verbundene Gegenleistung erbrecht werden kann. Wenn dies nicht möglich ist, muss die Spendengewinnung oder die Suche nach Fördermitteln verstärkt werden.

Geschäftsleitung: Ich habe noch Bedenken, dass wir eine Menge Geld in das Fundraising investieren ohne zu Wissen welchen Gewinn wir dem entgegensetzten können.

Herr Rosnops: Eine allgemeine Aussage, ob sich das Fundraising letztendlich lohnt, kann ich zu diesem Zeitpunkt nicht machen, aber ich werde zu jeder Maßnahme eine Finanzplanung erstellen, um die Kosten und den Nutzen der konkreten Maßnahme erkennen zu können. Dafür müssen die Sachkosten (beispielsweise für Flyer, Porto oder Stellwände) und Personalkosten (Arbeitszeit, Qualifikation) ermittelt und das benötigte Budget festgelegt werden. Die Ergebnisse der Planung werden natürlich bei der Gestaltung der Maßnahmen berücksichtigt. Um Fundraising durchführen zu können, ist die Investition von Geldmitteln und Arbeitszeit unabdingbar, was sie mit meiner Einstellung ja unterstützen.

Geschäftsleitung: Ich werde in der Abteilungsleiterkonferenz noch einmal darauf hinweisen, dass die Mitarbeiter sie bei der Aufstellung der Kosten unterstützen sollen. Insbesondere aus dem Finanz- und Rechnungswesen und der Personalabteilung können Sie Zahlenmaterial für Ihre Arbeit erhalten.

Herr Rosnops: Danke. Ein effektives und effizientes Fundraising ist nur dann möglich, wenn es von allen Unternehmensteilen unterstützt wird.

Geschäftsleitung: Lassen Sie uns noch darüber sprechen, wie ich in meiner Funktion Ihre Arbeit unterstützen kann.

Herr Rosnops: Bei allen Fundraising-Maßnahmen muss die Kommunikation besonders beachtet werden. Die Ansprache möglicher Spender, Sponsoren oder Förderstiftungen kann durch unterschiedliche Kommunikationskanäle erfolgen. Die Wahl des Kanals ist, wie schon beschrieben, von der Zielgruppe und einer Kosten-Nutzen-Betrachtung abhängig. In der Vergangenheit habe ich bereits eine Vielzahl unterschiedlicher Maßnahmen durchgeführt. Unabhängig davon, ob die Mittelgeber über ein Anschreiben, über ein Telefonat, über das Internet, über die Presse, bei einer Veranstaltung oder einen bestehenden oder neuen persönlicher Kontakt kontaktiert werden, gibt es Erfolgsfaktoren, welche die Arbeit erleichtern. Alle Fundraising-Aktivitäten stehen dabei im engen Zusammenhang mit der Öffentlichkeitsarbeit des Unternehmens. Um diese zielgerichtet zu nutzen, sollte das Unternehmenskonzept für die Öffentlichkeitsarbeit sowie eine klare Zuständigkeit geregelt sein. Ich habe die ausschlaggebenden Faktoren für den Erfolg einer Fundraising-Aktivität mal zusammengeschrieben.

Erfolgsfaktoren für das Fundraising:

1. Bekanntheit des Unternehmens

2. herausragende Aktivitäten

3. kontinuierliche Kontaktpflege

4. Wiedererkennungseffekt

5. Gegenwert der Unterstützungsleistung

Abb. 74: Erfolgsfaktoren für das Fundraising

Herr Rosnops: Sie können die Aufstellung gerne behalten. Die Bekanntheit des Unternehmens erleichtert generell den Zugang zu potentiellen Geldgebern, da diese Personen über die Arbeit des Unternehmens unterrichtet sind und nicht erst über die allgemeine Aufgabe gesprochen werden muss. Bei diesen Personen kann sofort das konkrete Anliegen vorgetragen werden. Damit sich das Unternehmen von anderen Unternehmen abgrenzt, ist es wichtig, dass bei einer Ansprache der Personen herausragende Aktivitäten in den Vordergrund gestellt werden. Eine kontinuierliche Kontaktpflege ist wichtig damit das Unternehmen im Gedächtnis bleibt. Erfolgreiches Fundraising ist immer Beziehungspflege. Die Anliegen sollten transparent und nachvollziehbar dargestellt werden. Dazu gehört auch der Wiedererkennungseffekt. Dieser spielt in der Kundenbindung eine entscheidende Rolle. Die Bekanntheit des Unternehmens reicht nicht aus, wenn bei einer Ansprache der potentiellen Geldgeber nicht deutlich wird, welches Unternehmen mit welchen Aufgaben hinter dieser Ansprache steckt. In der Theorie verbirgt sich dahinter das corporate design. In der Praxis wird der Wiedererkennungseffekt über ein einheitliches Auftreten erreicht. Es sollte also ein einheitliches Logo verwendet werden. Zudem kann es hilfreich sein auf vergangene Aktivitäten hinzuweisen.

Geschäftsleitung: Der letzte Punkt bezieht sich dann aber nur auf das Sponsoring.

Herr Rosnops: So eng sollten Sie dies nicht sehen. Beim Sponsoring handelt es sich um einen konkreten materiellen Gegenwert, aber auch bei der

Spendergewinnung ist der Gegenwert der Unterstützungsleistung von Bedeutung. Nicht zuletzt weil der Spender einen emotionalen Gegenwert erhält. Dieser emotionale Gegenwert ist sehr subjektiv und kann die Befriedigung des schlechten Gewissens, Mitleid mit betroffenen Personen aber auch die Übernahme von gesellschaftlicher Verantwortung sein. Insbesondere dieser emotionale Gegenwert sollte bei der Ansprache berücksichtigt werden.

Geschäftleitung: Das sind Dinge, die sehr unbewusst ablaufen, aber wenn Sie dies ansprechen, kann ich es gut nachvollziehen. Wenn ich Sie richtig verstanden habe, sind es gar keine konkreten Tätigkeiten, die das Fundraising unterstützen, sondern wenn ich diese Kommunikationsregeln berücksichtige, kann ich das Fundraising der Carikonie unterstützen.

Herr Rosnops: Genauso ist es. Gerade Sie als Geschäftsleitung möchte ich ermuntern, entscheidende Kontakte zu pflegen und das Image und die Besonderheiten der Carikonie nach außen zu transportieren.

Geschäftleitung: Ich danke Ihnen für das Gespräch und freue mich auf die zukünftige Zusammenarbeit. Leider habe ich jetzt gleich den nächsten Termin und muss Sie verabschieden.

Herr Rosnops. Dies kann ich nur zurückgeben. Bis bald.

2.3 EIGENE MITTEL

Eigene Mittel	
Kapitelbezeichnung	Zentrale Fragen dieses Kapitels
Mitglieder	Welche Mitgliedschaftsformen und Finanzierungsmöglichkeiten gibt es?
Stifter	Was ist eine Stiftung? Welche Grundsätze müssen bei der Finanzierung von Stiftungen beachtet werden? Welche Stiftungsformen gibt es?

Die Finanzierung durch eigene Mittel des Unternehmens geschieht über unternehmensinterne Quellen und hat im Gegensatz zur öffentlichen und privaten Finanzierung nur eine sehr geringe Bedeutung. Eine Außenfinanzierung kann zu Stande kommen, wenn die Unternehmenseigner Kapital zur Verfügung stellen. Bei Sozialunternehmen ist dies nur in Form des Gesellschafterdarlehns bekannt. Die Besonderheiten der Darlehnsfinanzierung wurden bereits beschrieben.

In diesem Abschnitt werden die Möglichkeiten der Innenfinanzierung durch Unternehmenseigentümer beschrieben, zu denen die Mitgliedsbeiträge in einem Verein sowie im weitesten Sinne die Erträge aus Stiftungskapital bei Stiftungen gehören.

2.3.1 Mitglieder

Die Mitglieder eines Vereins sind im rechtlichen Sinne die Eigentümer des Unternehmens. Diese können natürliche oder juristische Personen sein. Die Mitgliedsbeiträge sind Beiträge, die von den Vereinsmitgliedern in ihrer Eigenschaft als Mitglieder an den Verein gezahlt werden. In der Praxis ist zu beachten, dass Mitgliedsbeiträge eines eigenen Fördervereins keine Beiträge für das Sozialunternehmen sind, sondern einen Zuschuss darstellen. Diese Mittel sind, wie beschrieben, den privaten Finanzierungsformen zuzuordnen.

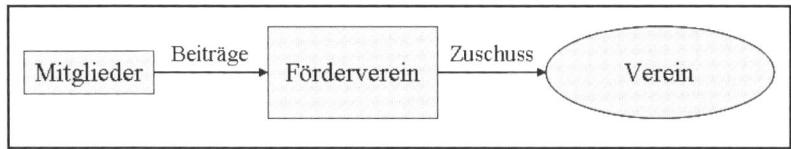

Abb. 75: Mitgliedsbeiträge

Frage: Welche Mitgliedschaftsformen und Finanzierungsmöglichkeiten gibt es?

Mitgliedsbeiträge können in Vereinen eine solide Grundfinanzierung darstellen. In der Rechtsform des Vereins sind die Mitglieder die Unternehmenseigentümer und haben über die Mitgliederversammlung ein Mitbestimmungsrecht. Das Mitspracherecht kann über verschiedene Arten von Mitgliedschaften mit unterschiedlichen Rechtsstellungen beeinflusst werden (vgl. Damm/Klinger/Gregory/Lindacher (2007), S. 23).

Mitgliedschaftsformen	
1. Ordentliche Mitgliedschaft	Vereinsmitglied
2. Außerordentliche Mitgliedschaft	Gastmitglieder, Mitgliedschaft auf Zeit
3. Fördermitgliedschaft	Mitglieder, die die Vereinsziele fördern, aber nicht aktiv am Vereinsleben teilnehmen
4. Ehrenmitglieder	Mitglieder mit allen Pflichten und Rechten, die keinen Beitrag zahlen.

Abb. 76: Mitgliedschaftsformen

Bei der Festsetzung der Mitgliedsbeiträge gibt es zudem unterschiedliche Gestaltungsmöglichkeiten:

1. Beitrag je nach wirtschaftlicher Leistungsfähigkeit (wie zum Beispiel beim DBSH).

2. Beitrag nach Intensität der Nutzung (wie häufig bei Sportvereinen).

3. einheitlicher Beitrag.

Mitgliedsbeiträge an gemeinnützige Organisationen sind zudem unter bestimmten Voraussetzungen für Mitglieder lohnsteuerabzugsfähig.

2.3.2 Stifter

Frage: Was ist eine Stiftung?

Bei einer Stiftung handelt es sich im Allgemeinen um eine eigenständige Vermögensmasse, welche durch bestimmte Organe verwaltet wird und einem dauerhaften Zweck gewidmet ist. Ein konstituierendes Merkmal jeder Stiftung ist demnach ihr Vermögen. Erträge aus der Anlage dieses Vermögens, Erlöse aus einem ideellen Bereich, Leistungsentgelte bei Zweckbetrieben und Einnahmen aus einem wirtschaftlichen Geschäftbetrieb können der Zweckverwirklichung der Stiftung dienen (vgl. Mecking (2005), S. XIX). Stiftungen geben daher eine Möglichkeit Kapital langfristig für einen gemeinnützigen Zweck zu nutzen. Insbesondere Erbschaftsvermögen werden häufig in Stiftungen übertragen. Grundlage jeder Stiftung ist die Satzung (vgl. Troll/Wallenhorst/Halaczinsky (2004), S. 14).

Frage: Welche Grundsätze müssen bei der Finanzierung von Stiftungen beachtet werden?

Das Stiftungskapital ist das vom Stifter eingebrachte Vermögen, welches zu erhalten ist. Diese **Erhaltung des Stiftungskapitals** kann nach verschiedenen Prinzipien erfolgen. Denkbar ist eine gegenständliche Erhaltung der Vermögenswerte bei Gründung der Stiftung. Dies bedeutet, dass die Vermögensgegenstände des Anlage- und Umlaufvermögens und Schulden des Grundstockkapitals bei der Übertragung zu erhalten und Vermögensumschichtungen grundsätzlich nicht möglich sind. Aufgrund der fehlenden Sachdienlichkeit dieser Kapitalerhaltung ist die Anwendung dieses Erhaltungsprinzips überholt, so dass als Saldo der Positionen Vermögen und Schulden, das „Netto-Reinvermögen" (vgl. Koss (2003), S. 108), grundsätzlich zu erhalten ist. Auf der Grundlage des Netto-Reinvermögens gibt es zwei weitere Ansätze zur Kapitalerhaltung. Das Nominalwertprinzip geht davon aus, dass das Stiftungskapital als Geldmenge zu erhalten ist. Dies bedeutet für die Stiftung, dass der Betrag des übertragenen Grundstockkapitals erhalten werden muss. Vermögensumschichtungen sind bei dieser Anwendung möglich, sofern ein Ausgleich von Wertverlusten oder von Vermögenswertverlusten und -einbußen beziehungsweise eines Wertschwundes des Vermögens stattfindet. Kritisch betrachtet wird das Nominalwertprinzip, da es der gesamtwirtschaftlichen Betrachtung nicht gerecht wird. In diesem Zusammenhang wird eine reale Kapitalerhaltung, im Sinne einer Kaufkrafterhaltung des Grundstockkapitals, gefordert. Die Ertragskraft des Vermögens soll durch einen Ausgleich des allgemeinen Geldwertverlustes erhalten bleiben, da es im Interesse der

Stiftungsverwaltung sein sollte, die finanzielle Basis für die eigene Tätigkeit zu erhalten. Dies bedeutet, „dass am Ende einer Periode dieselbe Stiftungsleistung erbracht werden kann wie am Anfang der Periode" (Carstensen (2003), S. 538). Die Erhaltung des nominalen Wertes muss im Einzelfall aus dem Stifterwillen abzuleiten sein. Ist dies nicht der Fall geht die herrschende Meinung davon aus, dass „die Bestandserhaltung den Ausgleich des Geldwertschwundes – soweit dies steuerlich möglich – mit umfasst (‚reale Vermögenserhaltung')." (Spiegel (2000), S. 6) Eine darüber hinaus gehende Kapitalerhaltung im Sinne einer Erzielung von real gleich bleibenden Erträgen muss wiederum eindeutig aus dem Stifterwillen abzuleiten sein. Für den Nachweis der Bestandserhaltung des Stiftungskapitals als Positionen des Eigenkapitals, kann die reale Kapitalerhaltung durch die Bildung einer speziellen Kaitalerhaltungsrücklage erreicht werden, die das IDW im Rahmen der freien Rücklagen nach § 58 Nr. 7 AO empfiehlt. Eine weitere Möglichkeit des Ausgleichs von Vermögensverlusten ist die Nichtausschüttung von Kapitalerträgen und die Zuführung zum Stiftungskapital. Vor allem in Entgelt-, Vergütungs- und Pflegesatzverhandlungen muss diesem Grundsatz der Kapitalerhaltung eine besondere Bedeutung zugemessen werden. Bei allen Rechtsformen dürfen die Leistungen nicht unterhalb der Gestehungskosten angeboten werden, da dies zu einem Verzehr des Kapitals führt (siehe hierzu Rechtsprechung des Bundessozialgerichts).

Neben dem Grundsatz der Kapitalerhaltung gilt für alle Stiftungen der Grundsatz der **satzungsgemäßen Ertragsverwendung**. Dieses Gebot bestimmt, dass Vermögenswerte für die Erreichung des Stiftungszwecks zu verwenden sind. Das Gebot der zweckgebundenen Ertragsverwendung schließt aber neben der Finanzierung von satzungsgemäßen Aufgaben und der Zuwendung von Mitteln an Destinäre eine teilweise Verwendung der Mittel für Verwaltungsaufgaben nicht aus. So können Aufwendungen aufgrund von öffentlichen Abgaben, Verwaltungskosten und Instandhaltungskosten über die Erträge der Stiftung gedeckt werden, wenn diese der Zweckerfüllung dienen (vgl. Kayser/Richter/Steinmüller (2004), S. 6). Der Grundsatz der satzungsgemäßen Ertragsverwendung kann in der Gewinn- und Verlustrechnung sowie in der Bilanz durch eine klare Bezeichnung von Aufwendungen, Rücklagen, Rückstellungen und Verbindlichkeiten für satzungsgemäße Zwecke und andere Zwecke teilweise belegt werden. Trotzdem ist aufgrund rechtlicher Vorgaben ein Bericht über die Erfüllung des Stiftungszwecks erforderlich.

Frage: Welche Stiftungsformen gibt es?

2.3.2.1 Rechtsfähige Stiftung

Rechtsfähige Stiftungen unterscheiden sich in Stiftungen des öffentlichen Rechts, Stiftungen des bürgerlichen Rechts, sowie kirchliche Stiftungen.

Rechtsfähige Stiftungen		
Öffentlich-rechtliche Stiftungen	Stiftungen des bürgerlichen Rechts	Stiftungen des kirchlichen Rechts

Abb. 77: Rechtsfähige Stiftungen

Die **öffentlich-rechtliche Stiftung** verfolgt ausschließlich öffentliche Aufgaben und „wird durch den Staat kraft Gesetz oder per Verwaltungsakt errichtet und erlangt damit den Status eines selbständigen Rechtsobjektes des öffentlichen Rechts" (Sandberg (2001), S. 47). Für diese Stiftungen gibt es keine einheitliche Kodifikation, sondern die Stiftungen sind der Staatsverwaltung, also dem Bund oder dem Land, zugeordnet. Für die bundesunmittelbaren Stiftungen des öffentlichen Rechts gelten neben dem Grundgesetz in erster Linie die Bundesgesetze, durch die sie errichtet wurden. Für öffentlich-rechtliche Stiftungen, die der Landesverwaltung zugeordnet werden, gelten die jeweilige Landesverfassung und die gesetzlichen Landesvorschriften für derartige Stiftungen (vgl. Seifert/v. Campenhausen (1999), S. 455).

Die rechtsfähigen **Stiftungen des bürgerlichen Rechts** sind in den §§ 80 - 88 des BGB geregelt und ist als juristische Person eigenständiger Träger von Rechten und Pflichten. Sie entsteht nicht allein durch das Stiftungsgesetz, sondern erst durch das Stiftungsgeschäft und die Anerkennung der zuständigen Aufsichtbehörde. Daneben gelten die Bestimmungen der Landesstiftungsgesetze. Privatnützige Stiftungen dienen in der Regel einem kleinen Personenkreis, einer Familie oder einem Unternehmen. Gemeinnützige Stiftungen dagegen verfolgen primär einen öffentlichen Zweck, der dem Gemeinwohl dienen soll. „Ein gemeinnütziger Stiftungszweck richtet sich auf die Förderung des kulturellen, wirtschaftlichen oder sozialen Wohls der Allgemeinheit" (Sandberg (2001), S. 51), so dass in den meisten Fällen eine steuerliche Gemeinnützigkeit vorliegt. Über 90 % der Stiftungen in Deutschland verfolgen einen steuerbegünstigten Zweck (vgl. Bundesverband Deutscher Stiftungen (2005), S. A20).

Kirchliche Stiftungen sind Stiftungen, „deren Zweck es ist, ausschließlich oder überwiegend kirchlichen Aufgaben zu dienen, und die eine besondere organisatorische Verbindung zu einer Kirche ausweisen" (Seifert/v. Campenhausen (1999), S. 475). Kirchliche Stiftungen können privatrechtlich oder öffentlich-rechtlich ausgestaltet sein (vgl. Sontheimer (2003), S. 20).

Die Gründung einer rechtsfähigen Stiftung ist erst sinnvoll, wenn der Betrag groß genug ist, um aus den Zinserträgen gemeinnützige Zwecke fördern zu können. Im Hinblick auf die Inflation ist zudem ein hoher Betrag anzuraten, da die Zinserträge nicht vollständig für den Stiftungszweck verwendet werden dürfen, sondern aufgrund des Grundsatzes der Kapitalerhaltung zum Teil dem Vermögen zugeführt werden müssen. Der Gründungs- und Verwaltungsaufwand ist in der Regel erst ab einer Summe von 1 Million Euro gerechtfertigt. Alternativ zu einer eigenständigen rechtsfähigen Stiftung gibt es weitere Stiftungsformen (vgl. Damm/Klinger/Gregory/Lindlacher (2007), S. 253).

2.3.2.2 Treuhandstiftung / Gemeinschaftsstiftung / Sondervermögen

Bei einer **Treuhandstiftung** handelt es sich um eine nicht rechtsfähige Stiftung, die einem rechtsfähigen Träger untergeordnet ist. Die gesetzlichen Regelungen sind bei unselbständigen Stiftungen nicht anwendbar (vgl. Hof/Hartmann/Richter (2004), S. 20). Eine Treuhandstiftung bedeutet also, dass das Kapital einer bestehenden Stiftung mit dem gewünschten Zweck zugestiftet wird und unterhalb der Dachstiftung eine Teilstiftung mit einem neuen Namen und einer eventuell engeren Zweckbindung bestimmt wird.

Eine **Gemeinschaftsstiftung** besteht dann, wenn eine Dachstiftung mehrer Treuhandstiftungen verwaltet (vgl. Damm/Klinger/Gregory/Lindlacher (2007), S. 254).

Wenn das Kapital nicht einer rechtsfähigen Stiftung untergeordnet wird, kann es Verbänden, Vereinen, Körperschaften und anderen sozialen Unternehmen als **Sondervermögen** zur Verfügung gestellt werden, die das Vermögen wie eine Stiftung verwalten.

Wenn eine Stiftung Treuhandvermögen verwaltet ist der Grundsatz der Vermögensseparierung von besonderer Bedeutung. Die Treuhandstiftung bleibt wirtschaftlicher Eigentümer des Vermögens, so dass die rechtsfähige Stiftung das Vermögen lediglich verwaltet. Die verwaltende Stiftung hat das fehlende wirtschaftliche Eigentum an der Treuhandstiftung in der Rechnungslegung zum Ausdruck zu bringen. Dies bedeutet, dass das Stiftungsvermögen einer Stiftung nicht mit anderen Vermögen verrechnet werden darf, sondern gesondert aufgeführt werden muss.

LITERATUR

ACHLEITNER, ANN-CHRISTIN / PÖLLATH, REINHARD / STAHL, ERWIN (2007): Finanzierung von Sozialunternehmen. Konzepte zur finanziellen Unterstützung von Social Entrepreneurs. Schäffer-Poeschel Verlag, Stuttgart

AUGURZKY, BORIS / KROLOP, SEBASTIAN / SCHMIDT, JOACHIM (2008): Krankenhaus Rating Report 2008. Qualität und Wirtschaftlichkeit kein Widerspruch. Studie des Rheinisch-Westfälisches Instituts für Wirtschaftsforschung e.V., Eigendruck, Essen

BACHERT, ROBERT (HRSG.) (2003): Controlling in der Altenpflege. Weka Media Verlag, Kissing

BACHERT, ROBERT (2005): Buchführung und Bilanzierung. Juventa-Verlag, München

BACHERT, ROBERT (HRSG.) (2006): Corporate Governance in NPO-Unternehmen. wrs-Verlag, München

BACHERT, ROBERT / PETERS, ANDRE / SPECKERT, MANFRED (HRSG.) (2008): Risikomanagement in sozialen Unternehmen. Nomos-Verlag, Baden-Baden

BACHERT, R. / BAEHRENS, H. / HÖSCHELE, G. (2009): Warum ein retrogrades Kalkulationsmodell „Top-Down" den prospektiven Vereinbarungsprinzipien widerspricht. Erschienen in: Nachrichtendienst. Ausgabe September 2009.. Zeitschrift des Deutschen Vereins für öffentliche und private Führsorge e.V., Berlin

BANK FÜR SOZIALWIRTSCHAFT (BFS) (2002): Auswirkungen von Basel II auf die Sozialwirtschaft.

BRUHN, MANFRED (2003): Sponsoring – Systematische Planung und integrativer Ansatz. Gabler, Wiesbaden

BUNDESMINISTERIUM FÜR FAMILIE, SENIOREN, FRAUEN UND JUGEND (HRSG.) (2005): Freiwilliges Engagement in Deutschland 1999–2004 Freiwilliges Deutschland. Kurzfassung, Infratest Sozialforschung, München

BUNDESMINISTERIUM FÜR WIRTSCHAFT UND ARBEIT (HRSG.) (2003): Kooperationen planen und durchführen. Ein Leitfaden für kleine und mittlere Unternehmen, Bonn

BUNDESVERBAND DEUTSCHER STIFTUNGEN E.V. (HRSG.) (2005): Verzeichnis deutscher Stiftungen 2005. Bundesverband deutscher Stiftungen, Bonn

CARSTENSEN, CARSTEN (2003): Vermögensverwaltung. In: Bertelsmann-Stiftung (Hrsg.): Handbuch Stiftungen: Ziele, Projekte, Management, rechtliche Gestaltung. 2. vollständig überarbeitete Auflage, Gabler Verlag, Wiesbaden.

DAMM, DIETHELM / KLINGER, KARIN / GREGORY, ALEXANDER / LINDACHER, PETER (2007): Fundraising. Tipps und Adressen zur Finanzierung von Vereinen, Projekten und gemeinnützigen Einrichtungen in Hessen, Rheinland-Pfalz, dem Saarland und anderswo. 4. überarbeitete und erweiterte Auflage. AG SPAK Bücher. (Dieses Buch erscheint in verschiedenen Regionalausgaben)

DIAKONISCHES WERK WÜRTTEMBERG (HRSG.) (2003): Musterkontenplan. Eigendruck, Stuttgart

FUNDRAISING AKADEMIE (HRSG.) (2008): Fundraising. Handbuch für Grundlagen, Strategien und Methoden, 4. Auflage, Gabler Verlag, Wiesbaden

GABLER (HRSG.) (2000): Gabler Wirtschaftslexikon in 8 Bde. Gabler Verlag, Wiesbaden

GLEIßNER, WERNER / FÜSER, KARSTEN (2003): Leitfaden Rating mit CD-ROM (Quick-Rater). Basel II - Rating-Strategien für den Mittelstand, Verlag Franz Vahlen, München

GÖBEL, ELISABETH (2002): Neue Institutionenökonomik: Konzeptionen und betriebswirtschaftliche Anwendungen. Lucius&Lucius Verlagsgesellschaft mbH, Stuttgart

HAIBACH, MARITA (2006): Handbuch Fundraising: Spenden, Sponsoring, Stiftungen in der Praxis. Campus Verlag, Frankfurt am Main

HARANT, DIETER (2007): Voraussetzungen der Förderung durch die öffentliche Hand. In: Damm, Diethelm / Klinger, Karin / Gregory, Alexander / Lindacher, Peter (2007): Fundraising. Tipps und Adressen zur Finanzierung von Vereinen, Projekten und gemeinnützigen Einrichtungen in Hessen, Rheinland-Pfalz, dem Saarland und anderswo. 4. überarbeitet Und erw. Auflage. AG SPAK Bücher

HELMEL, IGOR / BREITKREUZ, GUSTAV / HARWARTH, HORST / PHILIPP KLAUS-DIETER (2006): Basel II und Mittelstand. Rating und Alternativen zum Bankkredit. Shaker Verlag, Aachen

HIRTH, HANS (2008): Grundzüge der Finanzierung und Investition. 2. Auflage, Oldenbourg Wissenschaftsverlag, München

HÖRSCHGEN, HANS / KIRSCH, JÜRGEN / KÄßER-PAWELKA, GÜNTER (1993): Marketing-Strategien. Wissenschaft & Praxis, 2. überarbeitete und erweiterte Auflage

HOF, H. / HARTMANN M. / RICHTER, A. (2004): Stiftungen: Einrichtung – Gestaltung – Geschäftstätigkeit. Deutscher Taschenbuchverlag, München

KAYSER, JOACHIM / RICHTER, ANDREAS / STEINMÜLLER, JENS (2004): Alternative Investments für Stiftungen. In: Die Roten Seiten zum Magazin Stiftung&Sponsoring Heft 4/2004.

KOLHOFF, LUDGER (2002): Finanzierung sozialer Einrichtungen und Dienste. ZIEL Verlag, Augsburg

KOSS, CLAUS (2003): Rechnungslegung von Stiftungen. Von der Buchführung zur Jahresrechnung. IDW-Verlag, Düsseldorf

KÜTING, KARLHEINZ / WEBER, CLAUS-PETER (2004): Die Bilanzanalyse. Lehrbuch zur Beurteilung von Einzel- und Konzernabschlüssen. Schäffer-Poeschel Verlag, Stuttgart

MECKING, C. (2005): Einführung: Stiftungswirklichkeit in Deutschland. In: Bundesverband deutscher Stiftungen e.V. (Hrsg.): Verzeichnis deutscher Stiftungen 2005. Bundesverband deutscher Stiftung, Bonn

NICOLINI, HANS J. (2006): Finanzierung für Sozialberufe. Verlag für Sozialberufe, Wiesbaden

OLFERT, KLAUS / REICHEL, CHRISTOPHER (2008): Finanzierung. Kompendium der praktischen Betriebswirtschaft. 14. Auflage, Friedrich Kiehl Verlag, Ludwigshafen

POINTKOWSKI, KERSTIN / HOFER, HEIKE (HRSG.) (2007): PPP: Öffentlich-private Partnerschaften. Erfolgsmodelle auch für den sozialen Sektor?

Eigenverlag des Deutschen Vereins für öffentliche und private Fürsorge e.V., Berlin

ROMEIKE, FRANK / FINKE, ROBERT B. (HRSG.) (2003): Erfolgsfaktor Risiko-Management: Chance für Industrie und Handel – Methoden, Beispiele, Checklisten. Gabler Verlag, Wiesbaden

ROMEIKE, FRANK (2004): Lexikon Risikomanagement. Bank Verlag, Köln

SANDBERG, B. (2001): Grundsätze ordnungsgemäßer Jahresrechnung für Stiftungen. Entwurf eines stiftungsspezifischen GoB-Pendants. Aus der Schriftenreihe zum Stiftungswesen. Band 25., Nomos Verlagsgesellschaft, Baden-Baden

SCHELLBERG, KLAUS (2004): Grundlagen der Profit- und Non-Profit-Finanzierung in sozialen Dienstleistungsorganisationen. Finanzierung sozialer Organisationen. Studienbrief 2-020-0901, 2. überarbeitete Auflage, Hochschulverbund Distance Learning, Brandenburg

SCHMOLKE, SIEGFRIED / DEITERMANN, MANFRED (2002): Industrielles Rechnungswesen. IKR. Aus der Reihe Kaufmännisches Rechnungswesen. 30. Auflage, Winklers Verlag, Braunschweig

SCHNECK, OTTMAR (HRSG.) (1993): Lexikon der Betriebswirtschaft. Verlag C.H. Beck, München

SCHNECK, OTTMAR (HRSG.) (2007): Lexikon der Betriebswirtschaft. 7. Auflage, Deutscher Taschenbuchverlag, München

SCHNECK, OTTMAR / MORGENTHALER, PAUL / YESILHARK, MUHAMMED (2003): Rating. Deutscher. Taschenbuch Verlag, München

SEIFERT, W. / V. CAMPENHAUSEN, A. (1999): Handbuch des Stiftungsrechts. 2., völlig überarbeitete Auflage. C.H. Beck'sche Verlagsbuchhandlung, München

SOLIDARIS (2003): Rating in der Kreditwirtschaft. Konsequenzen von Basel II für die Arbeit in gemeinnützigen Organisationen, Solidaris Unternehmensberatungs-GmbH Köln

SONTHEIMER, JÜRGEN (2003): Das neue Stiftungsrecht. 2. Auflage. Haufe Mediengruppe, Freiburg; Berlin; München; Zürich.

SPIEGEL, HARALD (2000): Die Bestandserhaltung des Stiftungsvermögens im Rahmen der Rechnungslegung. In: Die Roten Seiten zum Magazin Stiftung&Sponsoring Heft 3/2000

URSELMANN, MICHAEL (2007): Fundraising. Professionelle Mittelbeschaffung für Nonprofit-Organisationen. 4. vollständig überarbeitete und ergänzte Auflage, Haupt Verlag

TROLL, MAX / WALLENHORST, ROLF / HALACZINSKY, RAYMOND (HRSG.) (2004): Die Besteuerung gemeinnütziger Vereine. Stiftungen und der juristischen Personen des öffentlichen Rechts. Verlag Franz Vahlen, München

WÖHE, GÜNTER / BEILSTEIN, JÜRGEN (1998): Grundzüge der Unternehmensfinanzierung. 8. Auflage, Verlag Franz Vahlen, München

ABBILDUNGSVERZEICHNIS

AUTOREN

Robert Bachert

Herr Bachert ist seit Januar 2008 Vorstand der Wirtschafts- und Finanzberatung im Diakonischen Werk der Evangelischen Landeskirche in Baden e. V. Er ist ausgebildeter Diplom-Sozialpädagoge (BA) und Diplom-Betriebswirt (BA) und hat Sozialmanagement als Masterstudium abgeschlossen.

Er war von 1999 bis 2001 als Seniorberater und Trainer bei der BSU (Wirtschaftsberatungsgesellschaft sozialer Unternehmen) angestellt. Von 2001 bis 2007 war er Abteilungsleiter der Wirtschaftsberatung im Diakonischen Werk Württemberg und Geschäftsführer der ZSU GmbH (Zentrale Buchungsstelle für Soziale Unternehmen).

Parallel ist er Dozent und Prüfer an verschiedenen Bildungseinrichtungen: Fachhochschule Ludwigsburg, Fachhochschule Münster (NRW), Kath. Fachhochschule Mainz und Fachhochschule Ravensburg-Weingarten. Er ist außerdem Vorsitzender des LIGA-Fachausschusses Finanzen für Baden-Württemberg und Mitglied/ stellvertretendes Mitglied der Schiedsstellen SGB VIII, SGB XI, SGB XII und Mitglied der Pflegesatzkommission für Baden-Württemberg. Des Weiteren ist er Fachbuchautor, Aufsichtsratsvorsitzender in einem sozialen Unternehmen und ehrenamtlicher Prüfer bei der IHK.

Andrea Schmidt

Frau Schmidt ist Diplom-Sozialarbeiterin (FH) und Diplom-Betriebswirtin (BA). Nach dem Studium der Sozialarbeit an der Katholischen Fachhochschule Mainz und dem Anerkennungsjahr absolvierte Frau Schmidt von 2004 bis 2007 den dualen Studiengang

Dienstleistungsmanagement für Nonprofit-Organisationen an der Berufsakademie in Stuttgart sowie im Diakonischen Werk Württemberg e.V..

Seit Oktober 2007 ist sie in der Zentralen Buchungsstelle für Soziale Unternehmen im Projektbereich tätig und berät dort kleine bis mittlere soziale Einrichtung zu betriebswirtschaftlichen Fragestellungen. Ab Juli 2010 wird Frau Schmidt als Verwaltungsleitung der Stiftung Tragwerk in Kirchheim u.T. tätig sein.